gutes leben
bene!

»Wir haben in unserem Leben zwei Möglichkeiten: Entweder wir fliehen vor unserer Angst – oder wir umarmen sie und gehen weiter.«

Bodo Janssen

VON DER ANGST ZUR STÄRKE

INHALTSVERZEICHNIS

1 // Zeitenwende ... 9
2 // Vierter Stock ... 22
3 // »Klick« ... 27
4 // Kleine und große Fluchten ... 37
5 // Schutz suchen ... 44
6 // Der Schrei ... 48
7 // Rettung ... 62
8 // Angst haben wir alle ... 68
9 // Das große Durcheinander ... 80
10 // Schneller, höher, weiter – bis wir nicht mehr können ... 87
11 // Spring! ... 95
12 // Hoffnung ... 106
13 // Wahrnehmen, was ist ... 117

14 // Die Kraft guter Gedanken 127
15 // Leidenschaften 137
16 // Sich den inneren Dämonen stellen 150
17 // Wind und Wellen 156
18 // Vertrauen 170
19 // Jeden Augenblick als Möglichkeit begreifen 174
20 // Hört denn die Krise niemals auf? 188
21 // Gut für mich selbst sorgen 198
// Epilog 208

Gutes Leben 212
Zum Schluss: Ein Abendritual 215
Anmerkungen 217
Vita 219

Es ist der Widerstand gegen die Wirklichkeit,
der uns an den Ort führt, wo die Angst zu Hause ist.

Bodo

1 // ZEITENWENDE

Feuerwehrmänner hasten über eine Wiese zu einem brennenden Hochhaus. Dichter schwarzer Rauch dringt aus leeren Fensterhöhlen, ein einzelner Schuh, zerbrochenes Geschirr und Kinderspielzeug liegen auf der Straße. Verstörte Bewohner stehen mit rußgeschwärzten Gesichtern vor den Trümmern ihrer Existenz.

Es ist Krieg in der Ukraine. Und all die schrecklichen Bilder graben sich in unsere Seele ein. Am 24. Februar 2022 hat Russland damit begonnen, in die Ukraine einzumarschieren, Flugplätze, Treibstoffdepots, Militäreinrichtungen, Städte und ihre Bewohner zu bombardieren. In den ersten Tagen des Krieges bewegt sich eine bis zu 60 Kilometer lange Kolonne aus Panzern und Truppentransportern auf die Hauptstadt Kiew zu. Viele rechnen damit, dass die russische Armee mit ihrer militärischen Überlegenheit alles überrennen und die ukrainische Regierung stürzen wird.

Aber es kommt anders. Dem ukrainischen Militär gelingt es, dem Angriff standzuhalten und ihren Gegner in den Vororten der Hauptstadt zu stoppen. Doch die Kämpfe gehen mit unglaublicher Härte weiter. Auch eine Geburtsklinik und zahlreiche andere Krankenhäuser im Land werden von russischen Raketen, Bomben und Granaten getroffen, Städte und Dörfer verwüstet, Tausende von Soldaten und Zivilisten getötet.

Über 7,8 Millionen Ukrainer haben laut dem UNHCR ihr Land verlassen und sind vorläufig als Flüchtlinge in Europa registriert.[1] Schätzungen der Vereinten Nationen gehen davon aus, dass mehr als zwei Drittel der Kinder in der Ukraine ihr Zuhause verloren haben. Und wir müssen bei alldem weitgehend ohnmächtig zuschauen.

Die Vereinten Nationen verurteilen den Krieg und fordern, die Kampfhandlungen sofort einzustellen – Russland ignoriert die Forderung. Die Sanktionen, die viele Länder verhängen, scheinen Wirkung zu entfalten. Aber all das reicht nicht, um der von Wladimir Putin ausgehenden Aggression Einhalt zu gebieten. In die Enge getrieben, droht dieser mit dem kompletten Stopp russischer Gaslieferungen – und einem Atomkrieg. Wörtlich mit »Konsequenzen nie da gewesenen Ausmaßes«.

Der Wissenschaftler Pavel Podwig, der sich am UN-Institut für Abrüstungsforschung in Genf mit den russischen Nuklearstreitkräften befasst, erklärt in einem Interview mit *DIE ZEIT*,[2] dass er diese Gefahr für durchaus real hält. Ein Schreckensszenario, das jede Menge Ängste auslöst. Viele Menschen befürchten, dass Russlands Angriff auf die Ukraine Auswirkungen auch auf ihr Leben haben wird. Und ja, das wird so sein.

Wie bereits während der Pandemie gab es auch zu Beginn des Ukraine-Krieges in den Supermärkten kein Mehl und kein Sonnenblumenöl mehr, weil immer mehr Menschen von jetzt auf gleich damit begannen, Vorräte zu hamstern und die Regale leer zu kaufen. Leere Regale sind auch ein Ausdruck von Angst. Uns allen wurde noch einmal neu deutlich, wie stark unsere wirtschaftlichen Abhängigkeiten eigentlich sind.

Knapp eine Woche nach Kriegsbeginn berichtet *DIE ZEIT*[3] über eine Forsa-Umfrage, die im Auftrag von RTL und ntv durchgeführt wurde. 69 Prozent der Befragten befürchten, dass NATO-Länder in den Konflikt hineingezogen werden könnten. Und der deutsche Mediziner Frank Ulrich Montgomery, der Vorsitzender des Weltärztebundes ist, mahnt, dass man die Angst der Menschen vor einem Atomkrieg unbedingt ernst nehmen soll: »Gerade in der älteren Generation kann es jetzt passieren, dass Menschen traumatisch auf die Kriegsnachrichten reagieren, dass sie verstärkte Ängste erleben, sich zurückziehen ...« Betroffenen rät er, das Gespräch mit Freunden und Angehörigen zu suchen – und sich, falls dies nicht hilft, ärztliche Hilfe zu holen.

Menschen, die den Zweiten Weltkrieg als Kind miterlebt haben, berichten, dass angesichts der Bilder und Berichte aus der Ukraine die alten Erinnerungen hochkommen. Dass sie auf einmal wieder den beißenden Brandgeruch in der Nase haben, den sie damals bei den Bombenangriffen in ihrer Heimatstadt ertragen mussten. Dass sie die Hilferufe der Menschen im Ohr haben, die in ihren Kellern elendig verbrannten. Oder den Lärm der Luftschutzsirenen. Alles ist wieder da – auch die Angst.

*

Gewalt ist immer Ausdruck von Angst. Wer sich in die Enge gedrängt fühlt und sich irgendwann nicht mehr anders zu helfen weiß, schlägt zu, um sich den Weg freizukämpfen. Und wer befürchtet, dass ihm sein Besitz weggenommen wird, greift im Zweifelsfall auch zum Mittel der Gewalt, um zu verteidigen, was er hat. Aus dem Drang, sich von der Angst zu befreien, entstehen Kriege und Gewalt zwischen Volksstämmen, Nationen oder Religionen. Manch einer geht auch zum Angriff über, weil er spürt, dass ihm die Felle wegschwimmen. Den russischen Präsidenten hat vielleicht auch die Angst vor einem Bedeutungsverlust dazu getrieben, einen Angriffskrieg zu beginnen. Wer weiß?

Ein passendes Äquivalent finden wir auch in der Tierwelt: Hunde, die bellen und um sich beißen, sind oft die größten Angsthasen! Und wenn wir auf gewalttätige Menschen mit gewalttätigen Gedanken und Emotionen wie Zorn treffen, ist das der Beginn einer weiteren Eskalation.

Was wäre, wenn Wladimir Putin nicht nur damit droht, sondern tatsächlich irgendwann auf den roten Knopf drückt und Atomraketen abfeuern lässt? Die Folgen wären verheerend. Wenn es zu einem Dritten Weltkrieg käme, der mit Atomwaffen ausgetragen würde, könnten Millionen von Menschen innerhalb kürzester Zeit sterben. Forscher haben Szenarien entwickelt, welche Auswirkungen ein nuklearer Krieg auch auf das weltweite Klima hätte – selbst wenn ein solcher Krieg »nur« regional begrenzt ausgetragen würde. Durch die Atomexplosionen und dadurch ausgelöste Brände würde gigantische Mengen an Rauch und Rußpartikeln entstehen, die die Sonneneinstrahlung auf der Erde verringern. Die Folgen wären eine deutliche Abkühlung der Erdoberfläche, eine massive Verringerung der Niederschläge, Missernten und Hungersnöte. Das will sich keiner vorstellen.

Seit Beginn des Krieges wird auf allen politischen Ebenen diskutiert, ob wir als Bundesrepublik Deutschland der Ukraine schwere Waffen liefern – Kampfpanzer, Kampfflugzeuge oder Mehrfachraketenwerfer. Eine Diskussion, die viele Menschen umtreibt. Die einen befürchten, dass wir damit in einen Krieg hineingezogen werden, andere lehnen jegliche Waffenlieferungen kategorisch ab. Bundeskanzler Olaf Scholz betont immer wieder, dass er es für zu riskant hält, im Alleingang schwere Waffen zu liefern. Wenn alle anderen europäischen Partner mitmachen würden, dann würden sie die Lage nochmals neu bewerten. Der ukrainische Präsident Selenskyj sagt: »Wenn wir dem russischen Angriff nicht mehr standhalten können, weil wir nicht über genügend Waffen und Munition verfügen, dann seid ihr Deutschen die nächsten.« Und der russische Präsident und sein Außenminister werden nicht müde zu drohen, dass Waffenlieferungen und jegliche andere Form von Unterstützung der Ukraine schwerwiegende Konsequenzen haben werden.

Eine komplizierte, schier unlösbare Situation, in der es so oder so vermutlich nicht ausbleiben wird, dass es zu weiteren Konflikten kommt. All das Drohen und Fordern ist aus meiner Sicht letztlich auch ein Spiel mit der Angst. Ob Olaf Scholz aus Klugheit derart taktiert oder aus der Angst heraus, dass er am Ende als derjenige gilt, der mit der Lieferung schwerer Waffen einen Dritten Weltkrieg in Europa ausgelöst hat? Vermutlich beides.

Wie kommt man aus so einem Dilemma raus? Die Methode der Abschreckung durch Angst hat viele Jahre funktioniert. Abzuwarten und nichts zu tun, heißt ja nicht, dass die Bedrohung kleiner wird. Also wir müssen uns irgendwie verhalten. Zuerst liefert Deutschland Helme, dann Munition und einige Panzerhaubitzen. Ende Juli 2022 wird gemeldet, dass die ersten 3 deutschen Gepard-Panzer sowie mehrere Zehntausend Schuss Munition in Kiew eingetroffen sind.[4] Es ist die zweite Lieferung schwerer Waffen an das kriegsgebeutelte Land. Die Lieferung von 27 weiteren Panzern und Rüstungsgütern wird erwartet. Und viele Menschen in Deutschland halten die Luft an, ob das gut geht und es am Ende nicht doch darauf hinausläuft, dass wir in den Krieg hineingezogen werden.

*

Auch die Pandemie mit ihren Auswirkungen hat unser bis dahin vertrautes Leben durcheinandergewirbelt. Krankheit und Tod waren plötzlich in bislang ungekanntem Maße überall präsent. Zunächst wusste niemand die neuartige Krankheit wirklich einzuschätzen. Impfstoffe fehlten, Atemschutzmasken waren Mangelware. Die Bilder der Lastwagen, mit denen in der italienischen Stadt Bergamo die Toten abtransportiert wurden, haben sich tief in das kollektive Gedächtnis eingegraben. Und wir vergessen auch nicht die Aufnahmen der Sterbenden in den Fluren überlasteter Krankenhäuser. Es sind beängstigende Bilder. »So will ich auf keinen Fall enden!« – das haben bestimmt viele gedacht, als sie die Fotos sahen.

Das endlose Auf und Ab der Infektionsraten in Deutschland hat an den Nerven gezehrt, ebenso wie das Hin und Her der Bundesregierung in Sachen Pandemiebekämpfung. Und kaum hatten wir das Gefühl »Jetzt wird das hoffentlich alles bald ein Ende haben …«, begann der Krieg in der Ukraine. Uns wurde nochmals deutlich, dass vieles von dem, was wir jahrzehntelang als »sicher« und selbstverständliche Gewissheit betrachtet hatten, brüchig geworden ist.

Jeden Tag erreichen uns seitdem nahezu stündlich weitere Nachrichten über gewalttätige Auseinandersetzungen. Wir sehen all die schrecklichen Bilder und hören, dass es nicht absehbar ist, dass dieser oder jener Konflikt ein Ende haben wird. Und viele von uns haben – Angst! Plötzlich haben die Unsicherheit und das Grauen Einzug in unser Leben gehalten. Wir sind in einer Art Dauerkrise gelandet. Und die verschiedenen Ausdrucksformen der Krise sind derart miteinander verflochten, dass es unvorstellbar erscheint, wieder zur früheren Normalität zurückzufinden. Vielmehr ist der Krisenmodus, das Unvorstellbare zu einer neuen Normalität geworden.

*

Viele haben – natürlich durchaus nicht unbegründet – Angst davor, dass der Krieg in der Ukraine dazu führt, dass ihre eigene Situation sich zunehmend verschlechtert. »Wenn das so weitergeht, dann werden wir im Winter bei 15 Grad in unseren eiskalten Wohnungen hocken, wir werden uns in Decken hüllen und trotzdem frieren.« Aber die Befürchtung bringt uns keinen Zentimeter weiter. Und die Krise birgt auch eine Chance: neue Wege zu finden, wie wir alternative Energiequellen nutzen können. Es ist ohnehin klar, dass die fossilen Energieressourcen endlich sind und wir nicht dauerhaft so leben können wie in den letzten fünf Jahrzehnten. Wir müssen ganz andere Modelle entwickeln.

Wenige Monate nach Beginn des Konfliktes wurde aus der Drohung Wirklichkeit. Russland dreht den Gashahn weitgehend zu. Und wir haben zu spüren bekommen, dass es schwer ist, auf das russische Gas zu verzichten, weil die Industrie hierzulande jede Menge Energie verbraucht, damit die Wirtschaft ihren Schwung behält.

Der Krieg hat auch sonst einige Auswirkungen auf die Versorgungslage – und das weltweit. In Afrika hungern die Menschen bereits jetzt, weil die Weizenlieferungen aus der Ukraine ausfallen. Wie soll das werden, wenn der Krieg weiterhin andauert? Die einstige »Kornkammer Europas« – die Ukraine – ist bereits jetzt zu größeren Teilen in Mitleidenschaft gezogen, und ganze Landstriche sind verwüstet. Es wird Jahre, wenn nicht Jahrzehnte dauern, das wieder aufzubauen, was jetzt in wenigen Wochen durch die russischen Truppen und den Bombenhagel vernichtet wurde.

Die gesamte Welt ist in Aufruhr. Der Klimawandel ist scheinbar kaum noch aufzuhalten, Unwetter und Naturkatastrophen wie die schwere Sturzflut im Sommer 2021, die australischen Buschbrände im Winter 2019/2020 oder Hungersnöte bedrohen Millionen von Menschen. Kriege und Gewalt machen uns Angst. Am liebsten würden wir an der alten, vertrauten Welt, in der wir uns so nett eingerichtet hatten, festhalten, so lange es irgendwie geht. Aber unser Leben ist und bleibt instabil und verletzlich. Das war uns irgendwie für lange Zeit aus dem Blick geraten, weil wir uns in Deutschland seit dem Ende des Zweiten Weltkrieges daran gewöhnt haben, dass es immer ausreichend zu essen und zu trinken gab, wir ein gut funktionierendes Gesundheitswesen haben (manchmal mit kleinen Abstrichen) und ein Sozialsystem, das viele Härten abfedert. Vor allem aber haben wir ein Leben in Frieden und Sicherheit geführt.

Natürlich gab es nicht nur Wohlstand, sondern zeitgleich auch immer Armut in Deutschland. Aber im weltweiten Vergleich hatten wir dennoch keinen Grund zum Jammern. Und wenn, war es immer ein Jammern auf hohem Niveau.

Der Psychologe Stephan Grünewald spricht vom »Auenland«, das wir in den letzten 75 Jahren in Deutschland erlebt haben. Deutschland, *das* Wirtschaftswunderland, in dem der Aufschwung nach dem Zweiten Weltkrieg in unerwartetem Maße und kürzester Zeit gelang. Ein Land, in dem es den allermeisten Bewohnerinnen und Bewohnern – besonders im Vergleich mit anderen Ländern der Erde – bis heute richtig gut geht. Wohlstand, Freiheit und Sicherheit sind Begriffe, die viele mit unserem Land verbinden. Auch ich.

In seinem Bestsellerbuch »Wie tickt Deutschland?: Psychologie einer aufgewühlten Gesellschaft«[5] beschreibt Grünewald, wie sich in den letzten Jahren zunehmend ein Gefühl des Wandels eingestellt hat: das Bewusstsein, dass es mit dem Auenland nicht mehr lange so weitergehen kann, weil wir längst die Grenzen des Machbaren erreicht haben.

Wir merken, dass Wachstum endlich ist – und permanente Grenzüberschreitungen dazu führen, dass wir auf Dauer die Natur und uns selbst total überlasten. Der *Club of Rome* –

eine Runde kluger Köpfe – hatte schon 1972 auf die Grenzen des Wachstums hingewiesen. 50 Jahre später stecken wir mitten in einem Strudel von Entwicklungen, die sich kaum noch aufhalten lassen. Bedrohung und Unsicherheit führen logischerweise dazu, dass sich in der Breite der Bevölkerung zunehmend Ängste und Sorgen einstellen.

Das Gefühl, dass wir langsam Abschied nehmen müssen von unserem lieb gewonnenen Status von Bequemlichkeit und Sicherheit, lässt sich jedenfalls nicht mehr von der Hand weisen. Das einst weitgehend sorglose Auenland verwandelt sich gefühlt mit zunehmendem Tempo in ein »Grauenland«. Eine Talsohle, in der diejenigen, die aus dem vermeintlich immergrünen Paradies absteigen, zukünftig ihr Dasein fristen müssen.

Das Fazit von Stephan Grünewald ist, dass wir mit Blick auf all diese Entwicklungen zusehen müssen, dass wir aus dem Abwarten und der Lethargie (»Ich kann ja eh nichts tun, es ereignet sich so oder so …«) zu einem »Trauen« kommen. Dass wir uns trauen zu handeln und immer wieder neu das Leben wagen! So zeichnet er zum Schluss in seinen Ausführungen auch das Bild des »Trauenlandes«, in dem mehr und mehr Menschen sich dafür einsetzen, dass wir Zukunftsperspektiven gewinnen und optimistisch nach vorne blicken können. Ein schönes Bild, an dem ich festhalten möchte!

Auf der Beerdigung von Claudias Großmutter sagte der Pastor über sie: »Sie war eine starke Frau, die zu einer Generation gehörte, die die Fähigkeit besaß, das Leben zu nehmen, wie es kam.« Dieser Satz hat mich sehr tief beeindruckt, er bringt eins zu eins das zum Ausdruck, worauf es gegenwärtig ankommt.

*

Bundeskanzler Olaf Scholz sprach in seiner Rede vor dem Deutschen Bundestag zu Beginn des Krieges in der Ukraine mit Blick auf die Sicherheitspolitik von einer Zeitenwende. Mit diesem Wort traf er den Nerv vieler. Es ist tatsächlich eine Zeitenwende, weil mehr und mehr Menschen klar wird, dass die Krise die neue Normalität ist. Und wir werden sie nicht vermeiden können, sondern müssen lernen, klug mit der jeweiligen Situation umzugehen.

Nichts wird mehr so sein wie vorher: Das wird uns zunehmend klar. Und dieser Gedanke macht vielen von uns Angst! Mehr noch: Manch eine(r) fühlt sich angesichts der Herausforderungen, vor denen wir stehen, total hilflos. In der Tat gibt es derzeit gefühlt mehr Probleme als Lösungen. Aber das sollte uns nicht dazu verleiten, die Hoffnung auf eine lebendige, friedvolle und freie Welt aufzugeben.

»Wir können gegen all das nichts machen«, denken viele. Tatsächlich können wir über sehr vieles, was um uns herum geschieht, nicht verfügen. Das Gefühl der Dauerkrise – ein Ereignis reiht sich an das andere – lähmt uns, und wir haben den Eindruck, dem ganzen Konglomerat an Herausforderungen und Belastungen ohnmächtig gegenüberzustehen. Das, worüber wir aber verfügen können, ist unsere Einstellung zu den Dingen. Wie wir mit den Auswirkungen jeder einzelnen

Krise auf unser Leben umgehen. Das, was wir mit den uns zur Verfügung stehenden Möglichkeiten verändern können, sollten wir tun. Und alles andere müssen wir akzeptieren. Ein jüdisches Sprichwort sagt: »Fürchte dich nicht vor etwas, was du sowieso nicht ändern kannst.«

Wenn es immer mehr Menschen gelingt, sich auf die während einer Krise verbleibenden Möglichkeiten zu fokussieren und persönlich daran zu wachsen, ist dies der Anfang einer neuen Wirklichkeit.

Das Denken in Möglichkeiten, sich zu fragen: Welche Optionen habe ich? Und was mache ich daraus? – das ist ein Weg in die Freiheit. Ich habe mich dafür entschieden, nur noch in Möglichkeiten zu denken: Egal, was mir das Leben beschert, was um mich herum geschieht, was auch immer es ist – ich mache mir bewusst, welche Möglichkeiten ich habe, und gehe dann damit um. Ich wähle einen Weg, treffe eine Entscheidung und agiere entsprechend. Manchmal bedeutet dies, direkt zu handeln. In vielen Fällen entscheide ich mich auch bewusst, abzuwarten und gelassen zu bleiben.

Kollektiv gefühlte Bedrohungen wie Flutkatastrophen oder Kriege führen zum Beispiel dazu, dass wir eher dazu geneigt sind, uns wieder mit anderen zusammenzuschließen, weil wir gemeinsam einfach stärker sind. Nicht nur um ein Land zu verteidigen – sondern auch um zusammen eine Vision eines friedlichen Miteinanders zu entwickeln. Die weltweite Solidarität mit den aus der Ukraine geflüchteten Menschen ist ein gutes Beispiel dafür, wie wir angesichts von Elend und Not zusammenstehen und füreinander sorgen.

Doch solange Angst herrscht, werden sich Gewalt und Hass nicht ausrotten lassen. Es ist die Angst, die uns das Leben gegenseitig oft zur Hölle machen lässt. Das Gefühl, in Lebensgefahr zu schweben und von einem vermeintlich feindlich gesinnten, aber in Wirklichkeit vielleicht auch selbst ängstlichen Menschen mit einer Waffe bedroht zu werden, kenne ich nur zu gut. Ich habe meine ganz eigenen Erfahrungen mit Gewalt und Todesangst gemacht – und ich habe Wege gefunden, wie ich mit der Angst und dem Ohnmachtsgefühl umgehen und neue Stärke entwickeln kann. Von diesen Wegen will ich dir in den nächsten Kapiteln erzählen. Vielleicht kannst du ja das eine oder andere für deinen eigenen Umgang mit der Angst daraus mitnehmen.

2 // VIERTER STOCK

Wir wollen es heute wieder einmal richtig krachen lassen und an diesem lauen Sommerabend zusammen durch die Klubs ziehen. Ich bin frisch geduscht, habe mir meine weiße Kunstlederhose angezogen und ein buntes Hemd übergeworfen. Barfuß schlendere ich auf der Suche nach meiner Sonnenbrille durch die Wohnung. Gleich wird Volker vorbeikommen und mich abholen.

Um halb zehn klingelt es an der Tür. Volker ist da.

Kennengelernt haben wir uns in einer Bar am Hamburger Gänsemarkt, in der ich mit meiner damaligen Freundin und einigen Kumpels einen lustigen Abend verbrachte. Volker stand plötzlich neben uns, irgendwie ein ziemlich cooler Typ, Anfang 30. Die paar Jahre Altersunterschied fallen nicht ins Gewicht, dachte ich. Aber mit 24 schaut man dann doch zu jemand wie Volker auf. Wir kamen ins Gespräch, verstanden uns auf Anhieb: Schnell war klar, dass er Leute kennt, die Drogen beschaffen können – und ich war gerade abends immer auf der Suche nach einem Tütchen Koks.

In den folgenden Wochen zogen wir öfter zusammen um die Häuser. Aber eines Tages war Volker wie vom Erdboden verschluckt. Später erfuhr ich von Bekannten, dass er in Santa Fu sitzt – der Justizvollzugsanstalt in Hamburg-Fuhlsbüttel. Mich überraschte und schockte das nicht. Wer mit Drogen dealt, muss damit rechnen, verurteilt zu werden.

Meine Eltern sind seit den 1980er-Jahren erfolgreiche Unternehmer in Emden, sie leiten ein Unternehmen, das Hotels und Ferienwohnanlagen errichtet und bewirtschaftet. Ich lasse es mir gut gehen und mache das, wonach mir der Sinn steht.

Vor einiger Zeit habe ich bei einem Schönheitswettbewerb gewonnen, und jetzt fliege ich zu Fotoshootings nach Barcelona, Mailand, Athen oder Kapstadt. Auch in Paris war ich kürzlich für ein paar Tage, eine Wahnsinnsstadt mit tollen Klubs wie das *Les Bains,* wie ich finde.

In einem Szenelokal habe ich eine Weile als Barkeeper gearbeitet. Mit meinem schwarzen BMW-Cabrio sause ich durch die Gegend und genieße den Glanz des Daseins. Das Leben ist, so denke ich manchmal, ein einziges großes Fest. Ich ergreife die Möglichkeiten, die sich mir bieten.

Meine Eltern finden den Umgang, den ich in letzter Zeit pflege, nicht so toll. Ich bin auch sonst immer ein wenig das selbst ernannte schwarze Schaf der Familie. Mit meinen 24 Jahren habe ich immer noch keine Ausbildung abgeschlossen. Das Feiern steht im Vordergrund.

*

Irgendwann tauchte Volker wieder auf, fast ein Jahr war seit unserer letzten Begegnung vergangen. Wieder verbrachten wir eine coole Zeit miteinander, Volker verstand es, die schicksten Locations aufzutun, und beschaffte mir auch immer wieder den Stoff, den ich brauchte, um so richtig in Stimmung zu kommen.

Eines Abends stellte er mir bei einem Treffen in einem Klub seinen Bekannten Kresimir vor, einen Bosnier in den Mittzwanzigern mit langen Haaren und Zopf. Kresimir suchte gerade eine Wohnung, da konnte ich helfen. Vor einigen Tagen war ich aus meiner Hamburger Studentenbude ausgezogen und wohnte jetzt mit einem Kumpel in einer schicken Gartenvilla im Stadtteil Rotherbaum auf 130 Quadratmetern. Noch lief aber der Mietvertrag für die alte Wohnung – Kresimir konnte ja erst einmal dort als Untermieter von mir einziehen.

Das machte er dann auch bald darauf. Einen Mietvertrag brauchte es aus meiner Sicht nicht, ich sah das ziemlich locker, ärgerte mich dann aber doch, als Kresimir die Miete von Anfang an nur schleppend überwies und bald ziemlich in Verzug war.

*

Heute Abend hat Volker gute Nachrichten mitgebracht. »Kresimir hat das Geld, das er dir schuldet, jetzt zusammen und will es dir persönlich überreichen. Lass uns nachher bei ihm vorbeigehen, dann bekommst du deine Kohle. Kresimir ist gerade bei einem Kumpel in den Grindelhochhäusern. Und danach ziehen wir durch die Klubs.«

Zu Fuß sind es bis zu den Grindelhochhäusern nur ein paar Minuten. *Warum nicht*, denke ich – dann ist das mit der Kohle endlich erledigt und aus der Welt.

Das Grindelbergareal im Bezirk Eimsbüttel westlich der Alster war bei Bombenangriffen der Alliierten im Jahr 1943 völlig zerstört und nach Kriegsende neu bebaut worden. Inzwischen stehen die zwölf Hochhäuser mit bis zu 14 Stockwerken unter Denkmalschutz. Volker und ich gehen durch die Hallerstraße und erreichen wenig später den Eingang des Hochhauses, in dem wir mit Kresimir verabredet sind. Durchs Treppenhaus geht es in den vierten Stock, Volker geht voraus und schließt die Wohnungstür linker Hand auf. Ich betrete nach ihm den dunklen Flur und denke noch: *Warum macht Volker denn kein Licht?*

Dann geht alles rasend schnell. Von der Seite kommt eine große Gestalt auf mich zu und schubst mich brutal in ein Zimmer. Ehe ich mich's versehe, liege ich auf dem Sofa, und der Typ fesselt mir Hände und Füße mit Panzerklebeband. Volker ergeht es genauso, wenige Meter von mir entfernt sehe ich ihn am Boden liegen. Ich kann mich nicht mehr rühren. Inzwischen ist das Licht eingeschaltet worden. Drei Männer stehen vor uns, schwarz gekleidet. Man hat uns eine Falle gestellt!

»Wenn du Scheiße baust, wirst nicht nur du sterben, sondern jeder aus deiner Familie«, sagt einer der Typen zu mir. Er und ein zweiter, der neben ihm steht, tragen dunkle Masken. Der dritte im Bunde ist ein bekanntes Gesicht – Kresimir. Er spielt grinsend mit einer Pistole, die er immer wieder von einer Hand in die andere wechselt. Zwischendurch hält er sie mir an die Schläfe, während er behauptet, ich hätte mich in seine Geschäfte eingemischt und müsse deswegen bestraft werden.

Ich bin zuerst eher wütend als geschockt. Was redet er da?! Er schuldet mir zwei Monatsmieten, ansonsten haben wir nichts miteinander zu tun. Das muss alles ein Irrtum sein! Für einen winzigen Moment habe ich die Hoffnung, dass sich alles klären lässt. Aber der Moment ist nur von kurzer Dauer. Kresimir verschwindet, und Volker und ich bleiben mit den beiden maskierten Typen zurück. Es ist der 6. Juni 1998.

3 // »KLICK«

Die Nacht verbringe ich gefesselt auf einem Bett. Ich habe kaum geschlafen, muss inzwischen dringend auf die Toilette und habe schrecklichen Durst. Vor allem aber bin ich in einem Dauer-Alarmzustand – noch nie habe ich mich in so einer Situation befunden. Ich schwanke zwischen Ungläubigkeit, dass das hier gerade wirklich passiert, der Hoffnung, dass sich alles doch noch bald aufklärt, und einem aufsteigenden Gefühl der Panik, das sich immer weniger zurückdrängen lässt. Die Typen meinen es offensichtlich ernst, was auch immer sie eigentlich mit mir vorhaben. Wer jemanden gegen seinen Willen festhält, fesselt und bedroht, ist vielleicht auch bereit, bis zum Äußersten zu gehen. Und wenn dieser Gedanke in meinem Kopf überhandnimmt, packt mich die nackte Angst vor dem Sterben. Doch jetzt gerade ist der Druck auf meine Blase so groß, dass dies sogar die Todespanik überlagert. Ich sage dem Aufpasser, dass ich dringend zur Toilette muss. Grummelnd schneidet er das Tape an meinen Beinen durch und bringt mich mit vorgehaltener Waffe zur Toilette.

»Keine Dummheiten«, raunt er mir zu. »Ich habe im Jugoslawien-Krieg gekämpft und weiß, wie man mit einer Knarre umgeht.«

Jetzt schaut auch sein Kumpel um die Ecke. Mir ist klar: Ich habe keine Chance gegen die beiden Typen, die zu allem entschlossen scheinen. Und die Wohnungstür ist vermutlich ohnehin abgeschlossen.

Ich frage die beiden, was das eigentlich alles soll, was sie mit mir vorhaben. Doch ich bekomme keine Antwort.

*

Was soll das alles? Welche Rolle spielt Kresimir in alledem? Was wird als Nächstes passieren? Worauf warten die beiden Typen, die mich bewachen? … Irgendwann klingelt das Telefon und unterbricht meine rasenden Gedankenketten. Der größere der beiden Männer spricht in einer Sprache, die ich nicht verstehe, mit dem Anrufer und kommt dann auf mich zu. Ich liege wieder mit gefesselten Beinen auf dem Bett. Und dann sagt er: »Jetzt ist es für dich hier vorbei.«

Ich brauche einen Moment, bis die Worte in mein Bewusstsein dringen. Dann erwischt es mich kalt: Was heißt das, vorbei? Will er mich umbringen?

Der Typ wirft mir einen Jutebeutel hin. »Den ziehst du über den Kopf.« Für einen Moment denke ich: *Vielleicht wollen sie mich nur irgendwo hinbringen.* Aber sie haben einen anderen Plan. Die beiden fesseln mir die Hände hinter dem Rücken, ziehen mich vom Bett auf den Boden und befehlen mir, mich hinzuknien und das Kinn auf die Brust zu legen. Mir bleibt keine andere Wahl, als zu gehorchen. Dann höre ich, wie eine Pistole durchgeladen wird.

»Gleich hast du es hinter dir«, sagt der Jugoslawien-Kämpfer mit fester Stimme.

Mir pocht das Blut in den Schläfen, ich kann keinen klaren Gedanken mehr fassen. Es macht »klick«. Und nichts passiert. Die Pistole ist offensichtlich nicht geladen.

Um kurz vor zwölf klingelt an diesem Tag bei der Hamburger Polizei das Telefon. Werner Hermann Janssen meldet die Entführung seines Sohnes Bodo. Ein Mann, der sich »Schakal« nennt, fordert von ihm und seiner Familie zehn Millionen Mark Lösegeld. So stand es in dem Brief, den er bekommen hat. Auch Bodos Freundin hat, so berichtet es der Unternehmer, im Briefkasten von Bodos Wohnung einen Erpresserbrief gefunden.

Die Polizei reagiert sofort und zieht alle Register. Unter der Leitung von Kriminaloberrat Reinhard Bromm nimmt bereits zwei Stunden später eine 200-köpfige Sondereinheit aus Ermittlungsbeamten, Technikern und Polizisten die Ermittlungen auf. Routinemäßig wird auch mein familiäres Umfeld überprüft, um festzustellen, ob die Entführung vielleicht aus irgendwelchen Gründen inszeniert wurde. Und man machte sich auf die Suche nach meinen Entführern. Der Plan von Reinhard Bromm und seinem Team ist es, vorerst auf Zeit zu spielen, bis es eine heiße Spur zu den Entführern gibt. Denn sobald das Lösegeld bezahlt ist, kann keiner mehr für das Leben von Bodo Janssen garantieren – das wissen die Beamten aus anderen Fällen. Ganz abgesehen davon, dass die Eltern von Bodo Janssen auch keine zehn Millionen Mark flüssig haben.

Medienberichte über die Entführung könnten die Ermittlungen gefährden – deshalb herrscht absolute Nachrichtensperre. Nichts, nicht die kleinste Kleinigkeit darf an die Öffentlichkeit dringen. Bodos Freundin und sein Mitbewohner werden – damit sie unter Aufsicht sind – zu Bodos Eltern nach Emden gebracht. In deren Haus sind zwei Beamte rund um die Uhr präsent, um jederzeit auf weitere Kontaktaufnahmen der Entführer oder andere Vorkommnisse reagieren zu können.

*

Die Entführer melden sich tatsächlich bald darauf ein weiteres Mal. Werner Hermann Janssen nutzt die Gelegenheit und verlangt ein Lebenszeichen seines Sohnes, besteht darauf, mit ihm sprechen zu dürfen. Das wird ihm gestattet. Erleichtert hört er Bodos Stimme: »Hallo, Papa, ich bin's, Bodo. Mir geht es im Großen und Ganzen gut, ich bin unverletzt, aber ich will hier raus. Bitte hilf mir.« Werner Hermann Janssen ist den Tränen nahe, aber er hält durch und macht seinem Sohn Hoffnung auf ein baldiges Wiedersehen.

Doch die Verhandlungen mit den Tätern sind schwierig und ziehen sich hin. Am Ende einigt sich Werner Hermann Janssen mit dem »Schakal« darauf, dass sein Sohn gegen Zahlung von drei Millionen Mark freikommen soll. Mehr Geld kann die Familie so schnell nicht aufbringen. Der Entführer willigt ein.

Am fünften Tag der Entführung ruft er ein weiteres Mal bei den Janssens an und fordert, dass Bodos Vater mit seiner Cessna nach Split fliegt, um dort das Lösegeld zu übergeben. Weitere Angaben zum genauen »Wann und Wo« soll er vor Ort bekommen. Der Anruf kommt aus Mostar, einer Stadt im Süden von Bosnien und Herzegowina, das hat die Polizei, die mithört, herausgefunden. Bodo Janssen bangt währenddessen in einem der Grindelhochhäuser weiter um sein Leben.

Die beiden Typen machen sich einen perfiden Spaß daraus, mich immer wieder vom Bett auf den Boden zu zerren, mir den Jutesack über den Kopf zu ziehen und mir die Pistole an die Schläfe zu drücken.

»Das war's jetzt für dich«, kündigen sie mehrmals vollmundig an. Manchmal heißt es: »Deine Eltern wollen kein Lösegeld für dich zahlen, du bist erledigt.« Und dann sagen sie mir, dass ich mir schon mal ein Körperteil aussuchen darf, das ich mir später selbst abschneiden soll, um weiteren Druck gegenüber meinen Eltern aufzubauen, damit sie endlich zahlen. Ich zwinge mich, einigermaßen rational zu denken, auch wenn es mich fast zerreißt. Schließlich entscheide ich mich, so schlimm die Vorstellung ist, für einen meiner Finger: »Den könnt ihr nehmen, wenn es sein muss«, stammle ich.

Ich rechne fest damit, dass sie direkt zur Tat schreiten werden. Wie werden sie es machen, mit einem Küchenmesser? Was, wenn ich danach verblute? Oder eine Blutvergiftung bekomme? Doch wieder einmal passiert nichts.

*

Acht Tage und acht Nächte bin ich ein Gefangener. Endlos erscheinende Stunden zwischen Angst, Wut, Erschöpfung, Hoffnung und Resignation. Doch irgendwann gebe ich die Hoffnung auf, dass ich aus dieser Situation lebend herauskommen werde. Innerlich nehme ich Abschied von den Menschen, die ich liebe: meinen Eltern, meiner Schwester, meiner Freundin. Es ist genauso schmerzhaft wie unausweichlich.

Vor meinem inneren Auge sehe ich meine Mutter, meinen Vater und meine Schwester auf dem Sofa in unserem Haus in Emden sitzen. Sie sagen alle drei zu mir: »Bodo, du kannst doch noch nicht gehen.« Und ich antworte: »Doch – wir werden uns leider nicht wiedersehen.«

Wie ein Film laufen in diesen Stunden voller Angst die letzten Jahre an mir vorbei: Schicht für Schicht schaue ich auf mein Leben. Und ich frage mich: wieso ich? Werden meine Eltern die geforderte Lösegeldsumme – unwahrscheinlich viel Geld – in der geforderten Frist zusammenbekommen?

Ich habe keine Ahnung, wie das funktionieren soll. Dann denke ich: Was wird sein, wenn die Polizei dazu rät, gar kein Lösegeld zu zahlen, oder versucht, den Entführern eine Falle zu stellen? In Filmen habe ich so etwas schon gesehen, dass der Blechkoffer voll mit Falschgeld war. Werden die Entführer mich dann tatsächlich einfach so ganz kaltblütig umbringen? Oder drohen die Typen nur immerzu damit?

Manchmal packt mich angesichts meiner aussichtslosen Lage innerlich die Wut. Dann überlege ich, ob ich nicht doch irgendwie dem ganzen Schlamassel entkommen kann. Ob ich es überleben würde, aus dem Fenster im vierten Stock zu springen? Zehn Meter sind es bestimmt bis auf den Rasen vor dem Haus. Keine gute Idee.

Die beiden Typen zu überwältigen und zu fliehen ist auch keine Option. Ich bin immer noch mit Klebeband gefesselt, außerdem vermute ich, dass die Wohnungstür abgeschlossen ist. Alles andere würde mich überraschen.

Ab und zu verlässt der ältere der beiden Entführer für eine Weile die Wohnung und kommt mit etwas zu essen zurück.

Aber ich bin nie allein – ein Aufpasser hat stets ein Auge auf mich. Selbst wenn es mir gelingen würde, mich von den Fesseln zu befreien, sehe ich keine wirkliche Chance.

Es stinkt in der Wohnung durchdringend nach ungewaschenen Körpern und Katzenurin. Nach einer Weile nehme ich beides kaum noch wahr. Genauso wenig wie die Angst, die Bedrohung, die Ungewissheit. Alle Gefühle weichen in den Hintergrund meines Bewusstseins, und ich sitze nur noch die Zeit ab.

*

Im Kosovo herrscht Krieg. Am 28. Februar 1998 haben serbische Polizeikräfte zwei Dörfer im Gebiet um Drenica, die als Hochburg der UÇK-Rebellen galten, mit Hubschraubern und gepanzerten Fahrzeugen angegriffen und unter Beschuss genommen. Seitdem ist die Situation weiter eskaliert. Konfliktparteien sind die Befreiungsarmee des Kosovo (UÇK), die jugoslawische Armee und serbische Ordnungskräfte. Die Vereinten Nationen haben ein Embargo gegen Jugoslawien beschlossen, um die Staatsführung zum Einlenken zu bewegen. Schon seit Jahren ist die Lage auf dem Balkan angespannt, und jetzt eskaliert sie. Deshalb rät man den verantwortlichen Polizeibeamten in Hamburg von höherer Stelle aus dringend davon ab, eine Geldübergabe in dieser Region durchzuführen. Denn man befürchtet, das Geld könnte irgendwo im Krisengebiet abgefangen werden, bevor es die Entführer bekommen.

»Ich darf mit meiner Privatmaschine nicht nach Split fliegen«, erklärt Werner Hermann Janssen dem »Schakal« – »die NATO hat eine Flugverbotszone verhängt.«

Inzwischen kennt die Polizei die Telefonnummer des Entführers, der langsam unruhig wird, weil sich alles immer weiter verzögert. Mehrfach ruft er ein Mobiltelefon an, das Technikspezialisten der Hamburger Kriminalpolizei schließlich im Hamburger Stadtteil Eimsbüttel orten können. Die Schlinge um die Geiselnehmer zieht sich weiter zu. Schließlich wird eine Geldübergabe in Österreich vereinbart. In einem Restaurant in Kärnten übergibt Werner Hermann Janssen zwei Koffer mit dem Lösegeld – drei Millionen D-Mark – an zwei Verwandte des Mannes, der sich am Telefon stets mit »der Schakal« meldet.

*

»Da, nimm die Tabletten, dann wirst du nicht mitbekommen, was mit dir geschieht.« Mit diesen Worten wirft mir der Typ, der immer wieder von seinem Kriegseinsatz und seinen Heldentaten spricht, eine Blisterpackung mit Schlaftabletten hin. Er hat mir angekündigt, dass man meine Leiche später in der Badewanne zerteilen und danach in kleinen Stücken entsorgen wird. Mittlerweile wurde ich so oft mit meinem Tod konfrontiert, dass ich jetzt nicht mehr die Energie aufbringe, mich zu wehren oder auch nur noch darüber aufzuregen.

Ich nehme zwei der weißen Pillen mit einem Schluck Wasser. Wenig später verschwimmt alles vor meinen Augen. Als ich wieder wach werde, herrscht große Aufregung in der

Wohnung: »Wir haben das Geld.« Mit meinem benebelten Gehirn brauche ich eine Weile, um zu kapieren, dass die Lösegeldübergabe anscheinend stattgefunden hat. Im ersten Moment bin ich unsäglich erleichtert und denke: *Es ist vorbei, ich kann endlich nach Hause.* Doch als die beiden Entführer ihre Masken abziehen, wird mir klar, dass es in diesem Moment für mich erst richtig ernst wird. Sie haben die Kohle, nun brauchen sie mich nicht mehr. Wenn es jemals eine wirkliche Gefahr gab, dass sie mich umbringen, dann jetzt.

Ich kann ohnehin nichts tun. Der Gedanke, bald sterben zu müssen, ist so lange präsent, dass ich den bevorstehenden Tod schon mit der letzten Scheinhinrichtung für mich angenommen habe. Jedes Mal, wenn sie mir die Waffe an den Kopf gehalten haben, war er da. Aber der Tod hat seinen Schrecken verloren. Ich habe für mich beschlossen, mich nicht länger dagegen aufzulehnen.

*

»Rummssss«. Mit einem großen Knall verändert sich die Situation von einem Augenblick auf den anderen. Die Wohnungstür ist aufgesprengt worden. Rauchschwaden ziehen durch den Raum, und ich sehe auf den Gesichtern der beiden Entführer rote Punkte – die Zielmarkierungen der Scharfschützen. Blitzschnell werden meine beiden Bewacher überwältigt und ich mit ihnen, denn die Beamten vom mobilen Einsatzkommando wissen natürlich zunächst nicht, wer Täter und wer Opfer ist.

Unten auf der Kreuzung Grindelberg, Ecke Hallerstraße hat die Polizei Ortungsgeräte aufgestellt. Durch die Überwachung des Mobiltelefons war klar: Irgendwo hier muss die Geisel stecken. Und jetzt war es Zeit, zuzuschlagen.

Einsatzleiter Reinhard Bromm und seine Einheit jubeln, als um 11:31 Uhr im Hamburger Polizeipräsidium der Funkspruch eingeht: »Geisel befreit, Täter festgenommen.«

4 // KLEINE UND GROSSE FLUCHTEN

Auf der Polizeiwache werden alle verhört. Ich auch. Warum, ist mir zunächst nicht klar. Dann erklärt mir jemand: »Es ist nicht auszuschließen, dass Sie selbst irgendwie mit drinhängen und mit den Entführern gemeinsame Sache gemacht haben.« Für mich ein absurder Gedanke. Ebenso wie die Tatsache, dass mein Bekannter Volker einer der Drahtzieher bei diesem Entführungsfall sein soll. Auch nach dem »Schakal« – hinter dem Namen steckt tatsächlich Kresimir – wird gesucht.

Nach einigen Stunden lässt man mich schließlich gehen. Endlich kann ich meine Eltern in die Arme schließen. Vor Freude und Erleichterung laufen uns allen Tränen über die Wangen. Später fliegt uns mein Vater alle gemeinsam mit seiner Cessna nach Emden. Nach Hause.

*

Ich bin völlig erschöpft, aber ich finde trotzdem in den ersten Nächten daheim in Emden nur wenig Schlaf. Wenn ich allein bin, geistern düstere Schatten durch meinen Kopf. Die nächtliche Stille kann ich nur schwer aushalten. Schweißgebadet wache ich jede Nacht mehrmals auf. Mein Weg zurück ins Leben ist alles andere als einfach.

Auf Anraten des Polizeipsychologen arbeite ich die Entführung mit professioneller Hilfe auf. Regelmäßig besucht uns der Traumatologe Lutz-Ulrich Besser. Ein einfühlsamer, guter Mann, der ein spezielles Therapieverfahren anwendet, das sich EMDR – Eye Movement Desensitization and Reprocessing – nennt. Ein bisschen fühle ich mich wie bei einem Hypnotiseur. Währenddessen stellt er mir Fragen zu den Ereignissen im Laufe der Entführung, die ich dabei noch einmal durchlebe. Und zwar wirklich sehr real. Ich zittere, schreie und weine. Doch der Therapeut hat mir vorher genau erklärt, warum wir das machen. Mit der EMDR-Methode sollen die sogenannten »Frozen Pictures« aufgelöst werden. Wenn jemand wie ich als Opfer schwer traumatisiert ist, setzen sich viele Eindrücke aus der Leidenszeit unverarbeitet im Gehirn fest. Das beschreibt der Begriff »Frozen Pictures«. Es ist eine Schutzfunktion des Körpers, um mit der Extremsituation zurechtzukommen.

Damit die schlimmen Erlebnisse sich nicht in mir abkapseln und mich dann irgendwann unkontrolliert kalt erwischen, werden mit der EMDR-Methode Schlüsselreize gesetzt, damit ich mir der Erlebnisse bewusst werde. Die Behandlung hilft mir insgesamt sehr, das Erlebte zu verarbeiten. Aber es bleiben natürlich dennoch Spuren in meiner Seele zurück. Lange Zeit gibt es Dinge, die Flashbacks in mir triggern. Wenn ich beispielsweise Katzenurin rieche, bin ich von einem Moment auf den anderen wieder in der Wohnung im Grindelhochhaus gefangen. Dann kann ich das Klebeband wieder fühlen, das mir in die Handgelenke einschneidet, den Druck auf der Blase, weil ich stundenlang nicht auf die Toilette darf. Spüre den kalten Lauf der Pistole an meiner Schläfe. Und die Todesangst, die alles überlagert und mir die Kehle zuschnürt, ohne dass ich ihr entrinnen könnte.

Die Flashbacks sind übel. Ich flüchte mich in die Ablenkung – Alkohol, Drogen, Partys. In der Hamburger Szene werde ich gefeiert und genieße die Aufmerksamkeit. Durch die Medienberichte über meine Entführung kennt mich jetzt nahezu jeder. Nach einigen Wochen verlasse ich Emden und wohne wieder in Hamburg.

Die Flashbacks sind übrigens bis heute – 25 Jahre nach der Entführung – geblieben. Was sich geändert hat, ist der Umgang mit der Situation. Heute kann ich mit den Flashbacks gelassen umgehen, ich weiß sie zu nehmen. Es sind ja nur Flashbacks! Angst habe ich auch. Aber ich habe keine Angst mehr vor der Angst. Denn ich weiß: Es führt kein Weg an der Angst vorbei, sondern nur mitten durch sie hindurch. Das ist der Unterschied. Angst wird erst dann zum Problem, wenn wir versuchen, sie zu vermeiden.

Meine Entführung geschah in einer Zeit, in der es mir richtig gut ging: Ich hatte einen tollen Job, irgendwie war gerade so ein Hoch im Leben – und dann kam unvermittelt eine Zeit des Schreckens und der Todesangst. Heute denke ich manchmal, wenn es gerade bei mir so richtig gut läuft: Kommt jetzt etwas Schlechtes? Ich warte förmlich darauf, dass sich das Blatt wendet und etwas Tragisches geschieht.

*

Volker, Milisav und Fadil – so heißen die beiden anderen Entführer – sitzen in Untersuchungshaft. Auch die beiden aus Bosnien und Kroatien stammenden Männer, die in Österreich das Lösegeld entgegengenommen haben, werden in einem Zug auf dem Weg nach Wien geschnappt. Aber *Kresimir*, der als mutmaßlicher Kopf der Entführer gilt, ist mit einem Teil des Lösegeldes untergetaucht. Er wird mit internationalem Haftbefehl gesucht, aber erst zwei Jahre später bei einer routinemäßigen Verkehrskontrolle in Zagreb mehr oder wenig zufällig gefasst. Die Beamten bemerken, dass der ungarische Führerschein, den der Mann vorzeigt, gefälscht ist. Bei einer Hausdurchsuchung wird später ein Pass mit seinem richtigen Namen und ein Teil der Lösegeldsumme gefunden. Der inzwischen 26-Jährige wird nicht nach Deutschland ausgeliefert, sondern muss sich in seiner Heimat wegen »erpresserischen Menschenraubs« verantworten. In Zagreb wird er zu zwölf Jahren Haft verurteilt.

Im Lauf der der Ermittlungen stellt sich heraus, dass an der Entführung insgesamt zwölf Menschen beteiligt waren. Volker und Milisav S., der mich immer wieder psychisch gefoltert hat, werden jeweils zu acht Jahren Haft verurteilt. Fadil, der dritte Mann in der Wohnung, der sich unter anderem um die Verpflegung und den Einkauf gekümmert hat, muss für fünf Jahre und neun Monate hinter Gitter. Der Richter sagt in seiner Urteilsbegründung am 6. Januar 1999: »Die Tat war ein Albtraum für das Opfer und dessen Angehörige mit gravierenden Auswirkungen, die noch heute deren Leben überschatten und fortdauern werden.« Besonders Milisav S. habe mich »völlig unnötig psychisch gefoltert, erniedrigt und in Todesangst versetzt«.

*

Auf Wikipedia gibt es eine Liste von Entführungen in Deutschland.[6] 30 Fälle sind für die Jahre 1958 bis 2015 aufgelistet, auch meiner. 13 der 30 Entführungsopfer sind gestorben, viele wurden von den Tätern misshandelt und verstümmelt.

Ich lebe. Und ich bin körperlich unversehrt.

Alle Täter sind geschnappt.

Ich war lange auf der Flucht – indem ich versuchte, meinen Ängsten und düsteren Gedanken zu entkommen, auch indem ich mich betäubte. Nachts ging ich Party machen, tagsüber schlief ich meinen Rausch aus. Nach meiner Entführung habe ich mich in Drogen und Alkohol geflüchtet. Und das alles sehr exzessiv, viel, viel heftiger als vorher. Manchmal wusste ich nicht mehr, wo oben und unten ist. 25 Jahre ist das her. Ich konnte die Stille nicht ertragen, es war für mich unmöglich, alleine zu sein. Ich musste immer irgendwie eine Beschäftigung haben und mich ablenken.

*

Manchmal glaube ich, dass ich neun Leben habe – wie eine Katze. Ich hatte schon viele Unfälle, gerade als Kind und Jugendlicher – dass ich von Glück sagen kann, dass ich ohne größere Blessuren davongekommen bin. Meist ist es glimpflich ausgegangen. Einmal hatte ich mir beispielsweise von einem Bekannten dessen Motorrad ausgeliehen. Eine PS-starke Maschine mit 1100 Kubik Hubraum. Damit bin ich von Hamburg nach Emden gebraust. Plötzlich vor mir ein Stau. Ich kam noch rechtzeitig zum Stehen – dann krachte es trotzdem. Mit hoher Geschwindigkeit war ein Audi auf mich aufgefahren und hatte mir das Motorrad quasi unter dem Hintern weggeschossen. Ich flog zur Seite, landete nur Zentimeter vor der Leitplanke. Wie durch ein Wunder ist mir dabei nichts passiert.

Ein anderes Mal war ich mit meiner Freundin und einem Kumpel in Oldenburg auf einer Party. Auf dem Nachhauseweg sind wir gegen ein Uhr früh mit dem Mercedes 200 D, bei strömendem Regen und leicht angetrunken, von der Straße abgekommen: Ich war wieder einmal viel zu schnell gefahren. Der Wagen wurde aus der Kurve getragen, schlitterte rund 100 Meter an der Böschung entlang, überschlug sich und blieb schließlich nur einen Meter von einem Baum entfernt auf dem Dach liegen.

Für einen Moment herrschte Totenstille im Wagen, wir drei hingen kopfüber in den Anschnallgurten, bis wir realisierten, was passiert war. Nicht auszudenken, was geschehen wäre, wenn wir gegen den Baum geknallt wären. Aber wie durch ein Wunder haben wir außer ein paar kleinen Schrammen nichts abbekommen. Durch die Reste der zertrümmerten Heckscheibe krochen wir aus dem Wagen und saßen erst einmal eine Weile im feuchten Gras. Dann kam – wie aus dem Nichts – zufällig ein Bekannter von mir vorbei, sammelte uns ein und brachte uns nach Hause. Am nächsten Morgen stand die Polizei vor der Tür.

So zu leben, quasi immer auf der Überholspur und Vollgas – das kann nicht gut gehen!

Party zu machen, sich den Kopf zuzudröhnen, um alles zu vergessen – es hilft nicht. Das ist mir eigentlich klar. Und dennoch finde ich auch nach der Entführung keinen anderen Ausweg.

Als ich im Jahr 2000 nach Lüneburg ziehe, ist auch dort mein Leben ein einziger Rausch. Offiziell studiere ich Betriebswirtschaft. Aber in dem ganzen Jahr besuche ich nur wenige Male die Vorlesung. Und mit den Klausuren hatte ich es auch nicht so, nur wenige habe ich bestanden.

Man könnte denken, dass ich begriffen habe, worauf es ankommt, nachdem ich die Entführung überlebt habe. Aber das ist mitnichten so. In den Nächten liege ich immer wieder wach, und die Gedanken kreisen in meinem Kopf. Doch ich versuche all das – und auch die Angst, die mich noch im Griff hat – beiseitezuschieben.

5 // SCHUTZ SUCHEN

Als ich etwa zehn Jahre alt war, wurde ich eines Tages beim Angeln von einem heftigen Sommergewitter überrascht. Damals war ich im Sommer eigentlich immer draußen unterwegs, mal mit Freunden oder auch allein.

Zwischen vier Kanälen liegt in Emden Europas größte Kesselschleuse. Ein beeindruckendes Bauwerk! Sie verbindet vier Wasserstraßen: den Ems-Jade-Kanal, das Rote Siel, das Fehntjer Tief und den Emder Stadtgraben.

Dort in der Nähe habe ich meine Angel ausgeworfen. Viele nennen diese Stelle »Liebesinsel«, weil sich dort auch gern junge Pärchen verabreden. Eigentlich ist es gar keine richtige Insel, eher eine Halbinsel. Aber auch ich fühlte mich dort wie auf einer »Insel«, ein Ort, an den ich mich zurückziehen konnte.

Das Wetter war an diesem Tag, wie öfter bei uns im Norden, durchwachsen. Ich bemerkte, wie sich der Himmel verdunkelte und Wind aufkam. Dann ging alles sehr schnell: Es stürmte, ein kräftiges Gewitter zog auf, es blitzte, donnerte, und es regnete wie aus Kübeln, und ich bekam ziemlich Schiss. Zum Glück standen in der Nähe einige große Bäume, und unter einen davon flüchtete ich mich. Die mächtige Baumkrone hielt das meiste ab, und ich wartete, bis das Unwetter vorbei war. Der Baum bot mir nicht nur körperlichen Schutz, sondern vermittelte mir auch ein tiefes Gefühl der Sicherheit und Geborgenheit. Sein Stamm war unerschütterlich, der Sturm tangierte ihn gar nicht. Er stand einfach da und überdauerte alles – Wind und Wetter, Kriege und Feste, Liebe und Hass. Vielleicht war das der Beginn meiner lebenslangen »Liebe« zu Bäumen.

Nachdem es aufgehört hatte zu regnen, warf ich meine Rute wieder aus – und fing direkt einen Aal.

*

Wenn ich nach persönlichen Vorbildern gefragt werde, nenne ich gern den Baum. Der Baum trotzt dem Sturm, er ist, wenn er gesund ist, fest im Grund verwurzelt. Seine Äste und Blätter bewegen sich im Wind – aber der Baum steht fest. Wenn ein Baum häufig starkem Wind ausgesetzt ist, bildet er noch stärkere Wurzeln aus. Ein starkes Symbol.

Ein Baum kann uns Schutz und Schirm sein, wie mir damals im Regensturm. Und er hat für mich auch im Kontext von Freiheit eine Bedeutung – in dem Sinne, sich von dem frei machen zu können, was um mich herum geschieht.

Ein Baum steht auch als Begriff für unser Unternehmen: der Upstalsboom, ein Baum mit mächtiger Krone, unter dem sich im Mittelalter in Friesland die Häuptlinge versammelt haben, um miteinander Rat zu halten. An dem Baum (»Boom«) wurden die Pferde aufgestallt (»upstallt«), wenn sich die friesischen Häuptlinge trafen, um in der Gemeinschaft neue Kraft zu schöpfen. Der Upstalsboom ist sozusagen der Baum der Vorväter.

Es gibt ja viele uralte Bäume und auch solche, die in der Weltgeschichte, der Philosophie und Religion eine große

Rolle spielen. Man denke beispielsweise an die Weltesche Yggdrasil, die in der nordischen Mythologie für den gesamten Kosmos steht, oder an den riesigen, mystischen Baum im Kinofilm *Avatar*, der genau dieses Motiv aufgreift. Ein großer Baum spendet uns im Sommer Schatten, und bei schlechtem Wetter können wir uns unter sein Blätterdach zurückziehen.

Ein gutes inneres Bild für Schutz und Trost zu haben ist extrem hilfreich. Vor einiger Zeit war ich mit einer Gruppe im Kloster Münsterschwarzach. Im Garten des Gästehauses steht eine wunderschöne Rotbuche. Unter ihrer Krone habe ich eine Morgenmeditation angeboten. Zunächst haben wir ein paar Dao-Übungen zum »Beleben« der Meridiane gemacht. Anschließend bekam jeder die Aufgabe, sich einen Baum im Garten auszusuchen und diesen dann mit Worten zu attackieren, alle schlechte Energie an ihn abzugeben und den Baum »anzuschnauzen«.

Einige Teilnehmerinnen und Teilnehmer waren zunächst über diese Aufgabe etwas verdutzt und taten sich schwer damit. Doch schließlich taten sie, was ich gesagt hatte. Als sie zurückkamen und ich sie fragte, wie der Baum reagiert habe, lautete die Antwort natürlich: »Gar nicht.«

»Gut«, habe ich gesagt, »dann geht ihr jetzt wieder zurück zu eurem Baum und entschuldigt euch bei ihm und lobt ihn über den grünen Klee dafür, wie schön er ist, wie viel Schatten er spendet und wie viel Sicherheit er euch schenkt.«

Alle Teilnehmenden schwärmten nochmals aus. Als sie nach einer Weile vom »Loben des Baumes« zurückkehrten, fragte ich sie, wie der Baum reagiert hätte.

Die Antwort war die gleiche: »Der Baum hat gar nicht reagiert …«

Erkenntnis des Tages: Wenn es dir ebenso wie dem Baum gelingt, dich nicht mit Lob und Tadel zu identifizieren, bist du frei…

Die Identifizierung mit Lob und Tadel macht mich für Angst empfänglicher. Die Angst, nicht genügend Lob abzubekommen – und die Angst, zu versagen. In dem Moment, wo wir ganz bei uns selbst sind und innerlich und äußerlich gelassen bleiben – egal, wer uns beschimpft oder lobt, sind wir in der Lage, vielen Herausforderungen des Lebens mit Gelassenheit zu begegnen. Wir stehen wie der Baum in unserer Kraft und strecken die Wurzeln tief in den Grund des Seins. Zu einer solchen Gelassenheit fordern uns auch die Texte der Wüstenväter auf. Deshalb: Werde wie ein Baum.

Ich habe von diesem Tag sehr schöne Bilder in Erinnerung behalten: wie einige Teilnehmerinnen und Teilnehmer die Hand auf die Rinde des Stammes gelegt und andere den Baum umarmt haben.

Wer in festem Grund tief verwurzelt ist, den wirft so schnell kein Sturm um. Sich so geschützt und geborgen zu wissen – das tut einfach gut. Auch während der Pandemiezeit hat der Baum als Symbol für mich deshalb eine große Rolle gespielt.

Wo ich festen Boden gefunden habe, in den ich meine Wurzeln ausstrecken konnte, darum soll es in den nächsten Kapiteln gehen.

6 // DER SCHREI

An dem Tag, an dem ich damals vor 25 Jahren aus der Hochhauswohnung befreit wurde, blühte mir zuerst noch eine weitere Scheinhinrichtung. Wieder musste ich mich vor das Bett knien, einen Sack über dem Kopf. Der jüngere der beiden Entführer hielt mir die Pistole an den Kopf, kicherte hämisch und versuchte wieder einmal, mich zu demütigen: »Da hast du ja eine schöne Familie. Wenn es darauf ankommt, unternehmen sie nichts. Dein Leben ist ihnen scheinbar nicht viel wert. Auf jeden Fall wollen sie kein Lösegeld für deine Freilassung zahlen. Jetzt bist du fällig. Wir können dich nicht länger hierbehalten.«

Ich verabschiedete mich innerlich von allem, was mir etwas bedeutete. Von den Menschen, die ich liebte. Von der Zukunft, die ich mir ausgemalt hatte. Und dann kam der Moment, in dem ich spürte: »Ja, ich bin bereit. Ich kann jetzt gehen.«

Und in diesem Augenblick war ich frei: Ich konnte loslassen. Gab mich dem hin, was unvermeidlich schien. Es entstand dadurch in mir eine Art innere Freiheit. Ich hatte das Gefühl: »Ihr habt keine Macht mehr über mich. Ich werde jetzt gehen – und dann kann mir keiner mehr was.«

Wenn mich heute die Erinnerungen im Traum verfolgen, kann ich auch auf die damalige Erfahrung der Befreiung zurückkommen. Sie erinnert mich daran, dass wir Angst und

Widerstände überwinden können – nicht indem wir sie fortwährend bekämpfen, sondern indem wir sie als einen Teil unseres Lebens annehmen. Denn durch Kampf entsteht kein Frieden. Letztendlich geht es darum, die inneren Dämonen, die in mir wohnen, wahrzunehmen und mich mit ihnen zu arrangieren.

*

Der norwegische Künstler Edvard Munch (1863–1944) hat lange Zeit unter Angststörungen gelitten. Das spiegelt auch sein berühmtestes Bild »Der Schrei« wider. Es zeigt eine Person auf einem Weg – mit offenem Mund und angstgeweiteten Augen hat sie sich dem Betrachter zugewandt, die Hände gegen den Kopf gepresst. Das Gesicht ist von innen hohl, der Schädel wirkt mit seinen leeren Augen wie ein Totenkopf. Eine trostlose Szene blanken Entsetzens.

Hinter der Figur stehen auf der Brücke zwei schwarze Gestalten. Was sie wohl vorhaben? Und dann ist da auch noch ein merkwürdiger Strudel …

Kennzeichnend für das Bild sind auch eine spannende Linienführung und starke Farben. Ein roter Himmel, blaue und grüne Flächen, die sich wie ein Strudel auf den Betrachter zu bewegen. Ein angsterfülltes Szenario, das es als Motiv im Œuvre des Malers gleich mehrmals gibt. So könnte die Hölle aussehen. Schrecken pur.

Vier sich ähnelnde Gemälde und eine Lithografie von Edvard Munch, die zwischen 1893 und 1910 entstanden sind, tragen den gleichen Titel: »Der Schrei«. Der Maler hat in dem Motiv eine eigene Angstattacke während eines abendlichen Spaziergangs verarbeitet. Damals meinte er, einen Schrei zu hören.

Edvard Munch litt unter Panikattacken und wiederkehrenden schizoiden Psychosen. Seine Schwester war melancholisch veranlagt, seine Brüder sind relativ früh gestorben. Er fürchtete, sich in alledem zu verlieren. Getriggert wurden die Psychosen durch übermäßigen Alkoholgenuss. Und wenn er Angst hatte, trank Edvard Munch noch mehr – ein endloser Kreislauf.

Mit zarter, kaum sichtbarer Schrift hat der Maler im roten Himmel des Bildes einen Satz notiert: »Kan kun være malet af en gal Mand« (»Kann nur von einem verrückten Mann gemalt worden sein«). Die Kuratorin des norwegischen Nationalmuseums, Mai Britt Guleng, geht davon aus, dass Munch die Worte als Reaktion auf eine Debatte über sein Werk ins Bild geschrieben hat, nachdem ein Medizinstudent bei einer Ausstellung in der Galerie Blomqvist in Oslo im Jahr 1895 seine psychische Gesundheit infrage gestellt hatte.[7]

Nach der These der Expertin drückt der im Bild versteckte Satz den Schmerz des Malers über die persönlichen Angriffe auf ihn aus – und die Angst davor, von seinem Umfeld und Kritikern als geisteskrank wahrgenommen zu werden.

Für manche ist Munchs Bild eine Art Metapher für die Welt der Moderne, die vielen Angst macht. Der visuelle Hilferuf des Künstlers nimmt den Betrachter mit in die Angst hinein.

Sich in seinen Ängsten zu verlieren, wie die Person in dem Munch-Bild, ist zerstörerisch. Damit kenne ich mich besser aus, als mir lieb ist. Von Zeit zu Zeit träume ich einen immer ähnlichen wiederkehrenden Traum, der mit meiner Entführung zusammenhängt. Er beginnt damit, dass ich von einer Gruppe von Menschen gefangen genommen worden bin. Mal ist es eine Verbrecherbande, ein anderes Mal eine Gruppe von Wilden. Sie tragen Gewehre, Pistolen, Lanzen, Messer. Ich bin ihnen total hilflos ausgeliefert. Dann fällt in der Runde der Anwesenden die Entscheidung, dass ich jetzt getötet werden soll.

»Es ist Zeit«, sagt eine Stimme. Man will mich hinrichten. Es gibt kein Entkommen, keine Rettung.

Das Erstaunliche ist: Jedes Mal, wenn ich diesen Traum habe, blicken mich alle, die mich umringen, völlig gleichgültig an. Da ist nicht die kleinste Gemütsregung in den Gesichtern zu erkennen, wo es doch um Leben und Tod geht. Als ob es zum Selbstverständlichsten der Welt gehört, zu töten – oder getötet zu werden. Und auch ich selbst bin nicht so verzweifelt, wie man annehmen sollte, sondern ich akzeptiere es einfach, nehme es an, wie es ist. Wie ich es auch in den Tagen damals in den Grindelhochhäusern getan habe.

Die Quelle aller Ängste ist die Angst vor dem Tod. Und dort, wo ich diese Möglichkeit, zu sterben, akzeptiere, beginnt die Freiheit. In dem Moment, wo ich Dinge annehme, vor denen ich mich unglaublich stark fürchte, in diesem Moment bin ich frei. Wenn ich den Widerstand aufgebe.

Ein orientalisches Sprichwort sagt: »Besiege den Tod, bevor er dich besiegt.« Und genauso ist es für mich mit diesem

Traum. Jedes Mal gehe ich aus der Konfrontation mit dem Tod als Sieger hervor, ganz einfach deshalb, weil ich immer wieder aufs Neue die Entscheidung treffe, mein Schicksal anzunehmen – jetzt, in diesem Moment sterben zu müssen. Die Angst vor dem Tod hat keine Macht mehr über mich.

*

Die Angst, die wir vor etwas haben, lähmt uns. Oft sogar weitaus mehr als die eigentliche Ursache dieser Angst. Solange ich mich während der Entführungstage um jeden Preis am Leben festklammerte, litt ich unter furchtbarer Angst. Als ich bereit war, dem nahen Tod ins Auge zu sehen und anzunehmen, dass meine Zeit auf Erden zu Ende geht, wurde das Unerträgliche erträglich.

Vielleicht kennst du das Gefühl: Wenn du abends in einer dunklen, schlecht beleuchteten Straße unterwegs bist, siehst du in jedem Schatten am Wegesrand eine Bedrohung. Die Fantasie geht in solchen Situationen mit uns durch, jedes kleinste Geräusch lässt uns aufhorchen. Wir laufen schneller und schneller, aber die Schatten kleben uns an den Fersen.

Erst wenn wir uns unserer größten Angst stellen, stehen bleiben, einmal durchatmen und feststellen, wo und wie es weitergehen kann – oder eben auch endet –, wird es leichter. Dann sehen wir, dass der dunkle Fleck, vor dem wir uns gefürchtet haben, weil wir nicht einordnen konnten, was es ist, keine Bedrohung darstellt, sondern bei näherer Betrachtung bloß der Schattenwurf einer Laterne ist.

Was wir als Wegbegleiter annehmen, wird uns vertraut. Wir gewinnen innere Distanz und dadurch Freiheit. Es hilft auch, wenn wir uns klarmachen, dass nicht hinter jedem dunklen Mauervorsprung ein Mörder lauert, weil es sonst jeden Tag in der Stadt Tote gäbe. So können wir aufatmen.

Die Dinge zu benennen, die mir das Leben schwer machen, sich aber nicht mit ihnen zu identifizieren, ist ein erster Schritt. Und nicht wegzurennen, wenn die Angst nach uns greift, das ist ein zweiter, unglaublich hilfreicher Schritt. Denn entkommen können wir der Angst ohnehin nicht. Je schneller wir laufen, desto mehr nimmt auch sie Geschwindigkeit auf. Bis sich alles in uns und um uns herum dreht.

In der Regel des heiligen Benedikt findet sich im Kapitel »Werkzeuge der geistlichen Kunst« der Gedanke, dass es gut ist, »den unberechenbaren Tod täglich vor Augen« zu haben. Pater Anselm Grün formulierte es im Gebet während einer Mittagshore so: »Ich wünsche euch ein Leben, in dem ihr den Gedanken an den Tod nicht ausgrenzt.« Und ja, die Angst verliert ihren Schrecken, wenn wir sie im Licht betrachten.

In den *Harry-Potter*-Büchern gibt es einen dunklen Verfolger – der, dessen Name nicht genannt werden darf. Wenn von Lord Voldemort die Rede ist, greift die Furcht um sich. Denn er ist der Herr der Finsternis. Aber er ist nicht unbesiegbar. Harry Potter tritt ihm entgegen und zerrt ihn und seine Gefolgsleute ins Licht.

Mein wiederkehrender Traum trägt deshalb eine starke Kraft in sich. Er steht dafür, den Tod zu überwinden, indem ich ihn ins Licht stelle, ihn betrachte, annehme.

Dunkle Erfahrungen nicht zu verdrängen, sondern sie zu erkennen, sie anzunehmen und sich zu ihnen zu bekennen ist ein erster Schritt auf dem Weg zu einem gelingenden Leben. Eine Art des Umgangs mit Leid, Angst und Schwerem, die schon vielen Menschen Kraft gegeben hat. Aber sich den Ängsten zu stellen ist nur ein Teil ihrer Überwindung. Ein weiterer, sehr hilfreicher Teil ist es, wenn man damit nicht allein ist. Wenn man einen inneren Zufluchtsort hat, der so unerschütterlich fest steht wie der Baum aus meiner Kindheit. Den nichts umwirft und der mir Schutz und Halt bietet.

Auf der Suche nach Beispielen und Vorbildern für diese Lebenseinstellung beschäftige ich mich seit Jahren mit den Texten der sogenannten Wüstenväter. Frühchristliche Mönche, die sich im 3. Jahrhundert in die Wüsten Ägyptens oder Syriens zurückzogen, weil sie aufgrund ihres Glaubens unter der Herrschaft von Diokletian verfolgt wurden. Einige lebten als Eremiten in Höhlen, andere in kleinen Gruppen zusammen. Ihr Leben war extrem hart. Und auch sie kannten die Angst, aber eben auch Wege aus ihr heraus. Auch wenn sie in der Zeit der Verfolgung schwer zu leiden hatten.

In den von den Wüstenvätern überlieferten Texten geht es um Askese, Gebet und Arbeit – und immer wieder um den inneren Frieden, nach dem sie sich sehnten. Die Bedrohungen, die Ängste, all die Dinge, die uns das Leben schwermachen, anzunehmen. Mit ihnen immer wieder in Dialog zu treten. Mehr noch: sie letztlich als Gefährten zu betrachten, wann immer sie sich bemerkbar machen. Und das ist immer dann der Fall, wenn wir in Versuchung geraten, etwas zu tun, was gegen unseren inneren Frieden steht.

Die Empfehlungen der Wüstenväter haben eine hohe Aktualität und sind im Übrigen frei von jeglicher Form von Moralisierung. Sie zeigen Wege auf, wie wir mit unseren Leidenschaften, mit Kränkungen, Ärger und Angst umgehen können. Von den Wüstenvätern können wir Achtsamkeit und Gelassenheit lernen. Wie wir unseren Ängsten im wahrsten Sinne des Wortes ins Auge schauen und sie dann loslassen können. Und wie wir so Klarheit, innere Freiheit und letztlich Heilung erfahren. Für die Wüstenväter führte der Weg zu Gott über die Selbsterkenntnis.

Ein Beispiel: Abbas Poimen wurde von einem Bruder gefragt: Was soll ich tun, Vater, denn ich werde oft von Traurigkeit niedergeschlagen? Der Greis antwortete ihm: Schaue niemand für nichts an, verurteile niemanden, verleumde niemand, und der Herr wird dir Ruhe geben.

Wenn wir andere Menschen verachten, verachten wir letztlich auch uns selbst – das wird uns in Traurigkeit stürzen. Aber sobald wir alles im Licht der barmherzigen Liebe Gottes sehen, wird sich unsere Traurigkeit aufhellen. Es geht immer wieder um die Selbstannahme.

Demut ist auch die Fähigkeit, das unreife Verhalten anderer Menschen mit einem Lächeln zu quittieren. So zu handeln geht aber nur in dem Bewusstsein, dass ich selbst nicht unfehlbar bin. Ich lächle nicht von oben herab oder aus Arroganz über das Verhalten des anderen – sondern weil ich weiß, dass niemand – auch ich nicht – perfekt ist. Konflikte entstehen, wenn Menschen versuchen, sich über andere zu erheben oder ihnen ihren Willen aufzudrücken.

Und letztlich ist es eine Frage der Übung, wie ich mit meinen Gedanken umgehe. Ob ich mich beispielsweise gedanklich in eine Art Abwärtsspirale begebe, mich von düsteren Glaubenssätzen vollständig beherrschen lasse – oder ob ich für mich einen anderen Weg gehe – hinaus in die Freiheit. Achtsamkeit einzuüben bedeutet in diesem Falle, die Fähigkeit zu entwickeln, sich von seinen Gedanken zu disidentifizieren. Darum geht es auch in vielen überlieferten Texten der Wüstenväter. Zu denken: Da ist ein (trüber) Gedanke in mir, aber ich bin nicht der Gedanke. Und es kommt darauf an, wie viel Raum ich dem Gedanken gebe. Distanziere ich mich, gewinne ich einen inneren Abstand zwischen dem, was ich denke, und dem, wer ich bin – dann gewinne ich eine innere Freiheit. Über Achtsamkeitsübungen, Meditation und bewusste Stillezeiten in meinem Leben komme ich Stück für Stück damit voran und lerne, einen guten Umgang mit meinen Gedanken zu finden.

Auch ich hatte Angst vor den Gedanken und Erinnerungen, die die Stille hervorrufen könnte. Heute weiß ich, dass ich vor meinen Gedanken keine Angst haben muss. Sie können mir nichts. Es sind ja nur Gedanken!

Nur Menschen, die vorgeben, alles zu können oder richtig zu machen, die vermitteln, mehr zu sein, als sie in Wirklichkeit sind, die Perfektion vortäuschen oder Masken tragen, müssen Angst davor haben, dass ihre Schwächen und Fehler enthüllt werden. Diejenigen, die ihre Schwächen und Fehler ansprechen und offenbaren, haben nichts zu befürchten und schon gar nichts zu verlieren. Für sie gibt es nichts auf der Welt, was sie erniedrigen, richten oder vernichten kann. Und das macht sie genauso stark wie frei. Stark sind in Wahrheit diejenigen, die ihre Schwächen annehmen und eingestehen.

KÖRPERLICHE ARBEIT ALS AUSGLEICH

Wenn wir geistig voll gefordert sind und viel Stress haben, kann es ein guter Weg sein, eine praktische, körperliche Arbeit zu verrichten. Als ich im Kloster war und mit dem Novizenmeister gesprochen habe, war dort gerade auch ein Postulat. Ein junger Mann, der auf Probe in der Klostergemeinschaft dabei war. Und ich konnte miterleben, wie er auf eine ganz praktische Art und Weise gefordert wurde. Man könnte ja denken, die Neuen werden im Kloster erst einmal ausschließlich in die Stille geschickt und zum Meditieren angeleitet. Aber dem ist nicht so. Wenn Menschen ins Kloster kommen, bekommen sie meist gleich zu Beginn eine praktische Arbeit zugewiesen: im Garten Unkraut jäten, in der Küche Geschirr abwaschen oder die Gänge im Gastflügel saugen. Wenn jemand nicht dazu bereit ist, sondern sich zu Höherem berufen fühlt (beispielsweise weil er vorher schon studiert hat), dann ist das – so sagte es mir der Novizenmeister – oft ein schlechtes Zeichen. Denn wer sich für die einfachen Arbeiten zu schade ist, der hat es auch schwer, sich später in der Gemeinschaft des Klosters einzufinden, so seine Erfahrung. Es geht darum, sich im praktischen Tun auch ein Stück weit als Mensch neu zu finden.

In unserem Hotel Upleven an der Nordseeküste können übrigens die Gäste bewusst auch mitarbeiten und einfache

Arbeiten verrichten: Blumen gießen, Unkraut jäten, die Terrasse und die Geländer schrubben. Viele sagen, dass ihnen dies unheimlich gut dabei hilft, innerlich zur Ruhe zu finden. Endlich wieder bei sich selbst anzukommen. Denn die Unruhe, die der berufliche Stress auslöst, ist für manche auf Dauer kaum auszuhalten. Auch in Ruhezeiten vibriert es in ihnen weiter. Umso wichtiger ist es, von Zeit zu Zeit aus dem Alltag herauszutreten und auf andere Gedanken zu kommen. Denn sosehr uns unsere beruflichen Aufgaben erfüllen, sie sind nicht alles.

*

Auch die Lebenssituation der Wüstenväter war alles andere als einfach, und sie versuchten nicht, diese Tatsache schönzureden oder zu verdrängen. Doch sie wussten sich getragen von ihrem Glauben an Gott. Ein Glaube, der sie zwar nicht vor leidvollen Erfahrungen verschonte, ihnen aber Mittel und Wege aufzeigte, trotz allem Schweren den ersehnten inneren Frieden zu finden und zu bewahren. Einen tiefen Frieden, der durch nahezu nichts zu erschüttern war, unabhängig davon, was um sie herum geschah, wie schlimm die äußeren Umstände auch immer gewesen sein mögen.

Von ähnlichen Erfahrungen erzählt auch der 23. Psalm aus dem Alten Testament – nicht umsonst eine der bekanntesten Bibelstellen, weil er genau diese Sehnsucht in Menschen zum Klingen bringt. Mitten im Sturm des Lebens, auf dem Weg durch das finstere Tal des Schreckens (in manchen Übersetzungen heißt es auch »Tal des Todesschattens«)

Schutz und Trost zu finden und nicht allein zu sein, davon schreibt David in seinem Psalm:

Der gute Hirte
Der HERR ist mein Hirte, mir wird nichts mangeln. Er weidet mich auf einer grünen Aue und führet mich zum frischen Wasser. Er erquicket meine Seele. Er führet mich auf rechter Straße um seines Namens willen. Und ob ich schon wanderte im finstern Tal, fürchte ich kein Unglück; denn du bist bei mir, dein Stecken und Stab trösten mich. Du bereitest vor mir einen Tisch im Angesicht meiner Feinde. Du salbest mein Haupt mit Öl und schenkest mir voll ein. Gutes und Barmherzigkeit werden mir folgen mein Leben lang, und ich werde bleiben im Hause des HERRN immerdar.[8]

*

Tief beeindruckt hat mich, mit welcher Ruhe und Gelassenheit Alexei Nawalny auf seine Verurteilung reagiert hat, obwohl er für viele Jahre in ein Straflager geschickt wurde. Aber er wirkte dennoch äußerlich ruhig. Nawalny hatte einen Mordanschlag überlebt, lange an den Folgen der Vergiftung gelitten, war direkt nach der Rückkehr nach Russland verhaftet worden. Jetzt wurde er eingesperrt, verlor seine Freiheit. Auf unbestimmte Zeit kann er seine Familie und seine Freunde nicht mehr sehen. Und es ist damit zu rechnen, dass ihm die russische Obrigkeit auch weiterhin übel mitspielen wird. Und dennoch kann er lächeln und von seiner Hoffnung auf eine gesellschaftliche Veränderung sprechen.

Was ist der Grund für eine derartige Gelassenheit? Zum einen sicherlich eine innere Stärke, die ihresgleichen sucht. Die Überzeugung, für eine gute und wichtige Sache einzustehen. Aber es ist auch der christliche Glaube, der Alexei Nawalny trägt. Bei einer Gerichtsverhandlung im Februar 2021 zitierte er aus der Bergpredigt die Worte Jesu: »Selig, die hungern und dürsten nach Gerechtigkeit, denn sie werden gesättigt werden« (Mt 5,6). Damit beschrieb er seine Hoffnung, dass sich letztlich Wahrheit und Gerechtigkeit durchsetzen werden.

Der evangelische Pfarrer Dietrich Bonhoeffer, der sich dem Widerstand gegen die Nazi-Herrschaft angeschlossen hatte und deshalb verhaftet und verurteilt wurde, schrieb im Dezember 1944 in der Gefängniszelle den Text »Von guten Mächten …«.[9] Da war er bereits seit mehr als eineinhalb Jahren inhaftiert. Ja, es gibt so etwas wie Freiheit trotz Gefangenschaft.

1. Von guten Mächten treu und still umgeben,
behütet und getröstet wunderbar,
so will ich diese Tage mit euch leben
und mit euch gehen in ein neues Jahr.

2. Noch will das Alte unsre Herzen quälen,
noch drückt uns böser Tage schwere Last.
Ach Herr, gib unsern aufgeschreckten Seelen
das Heil, für das du uns geschaffen hast.

3. Und reichst du uns den schweren Kelch, den bittern
des Leids, gefüllt bis an den höchsten Rand,
so nehmen wir ihn dankbar ohne Zittern
aus deiner guten und geliebten Hand.

4. Doch willst du uns noch einmal Freude schenken
an dieser Welt und ihrer Sonne Glanz,
dann woll'n wir des Vergangenen gedenken,
und dann gehört dir unser Leben ganz.

5. Laß warm und hell die Kerzen heute flammen,
die du in unsre Dunkelheit gebracht,
führ, wenn es sein kann, wieder uns zusammen.
Wir wissen es, dein Licht scheint in der Nacht.

6. Wenn sich die Stille nun tief um uns breitet,
so laß uns hören jenen vollen Klang
der Welt, die unsichtbar sich um uns weitet,
all deiner Kinder hohen Lobgesang.

7. Von guten Mächten wunderbar geborgen,
erwarten wir getrost, was kommen mag.
Gott ist bei uns am Abend und am Morgen
und ganz gewiß an jedem neuen Tag.

7 // RETTUNG

Ich bin mir ganz sicher, dass mir viel mehr Menschen das Leben gerettet haben, als es mir wirklich bewusst ist. Die meisten, denen ich mein Leben zu verdanken habe, sind mir natürlich sehr präsent. Aber ich bin davon überzeugt, dass ich von einigen Menschen gar nicht weiß, was sie alles für mich getan haben. Sie sind im Hintergrund geblieben, haben im Verborgenen dazu beigetragen, dass mir geholfen wurde. Anderen konnte ich persönlich die Hand schütteln, um Danke zu sagen. Es ist gut, sich zu erinnern, wem wir etwas zu verdanken haben! Meine Eltern will ich zuerst nennen. Sie haben alles getan, was in ihrer Macht stand, und das unglaublich hohe Lösegeld aufgetrieben. Und auch sonst waren sie immer da, wenn ich sie gebraucht habe. Ich verdanke ihnen in mehrerlei Hinsicht mein Leben. Mit Blick auf die Entführung denke ich natürlich an die zahlreichen Polizistinnen und Polizisten, die nach mir gesucht haben, die Ermittler, die die ganze Operation geleitet haben, und das Sondereinsatzkommando, das mich schließlich in einer dramatischen Aktion aus den Händen der Entführer befreite. Jede und jeder hat sein Bestes gegeben. Und dann ist da Claudia. Sie hat mich ein zweites Mal gerettet, nachdem ich vermeintlich längst befreit war – aber doch gefangen und verstrickt in mir selbst. Claudia hat mich mit anderen Augen betrachtet als viele andere Menschen, die vor allem auf das Äußere schauen. Sie hat durch das Sport-Ass, das Fotomodel, den Partylöwen hindurchgeschaut – auf den empfindsamen, tief in seinem Inneren verletzten Bodo. Ein einziger Augenblick hat gereicht, um die Situation, in der ich steckte, zu wenden und alles in ein anderes Licht zu rücken.

Wir kannten uns zu diesem Zeitpunkt etwa ein Dreivierteljahr. Claudia war von Hamburg, wo sie studiert hatte, nach Emden gezogen. Es war ein Hin und Her zwischen uns. Dass wir zusammenkommen, war zuerst alles andere als klar, weil ich mit einer anderen Frau in einer festen Beziehung war, als Claudia und ich uns kennenlernten. Außerdem war ich zu dieser Zeit nach wie vor ziemlich durchgeknallt, viel auf Partys unterwegs – was nicht Claudias Sache war.

Die Beziehung, in der ich lebte, kriselte zunehmend. Und dann kam der Moment, in dem sich alles veränderte …

Ich hatte mich an diesem Tag mit meinem Vater über irgendeine Geschichte gestritten und mich fürchterlich aufgeregt. In dieser Situation bin ich zu Claudia gefahren, wir haben zusammengesessen und miteinander geredet. Sie schaute mich an, ihr Blick drang durch meinen Zorn, meine Enttäuschung, meine Geschäftigkeit, durch alle Fassaden und Schutzmauern hindurch direkt in meine Seele und berührte mich. Ich merkte, wie ich innerlich ruhig wurde, so ruhig wie schon ewig nicht mehr, vielleicht noch nie. Und ich habe mich von Claudia in diesem Augenblick ganz und gar gesehen und angenommen gefühlt. Es brauchte gar nicht viele Worte. Ich hatte das Gefühl, endlich wirklich zu Hause zu sein.

Nur eineinhalb Jahre später haben wir geheiratet, eine Familie gegründet, drei wunderbare Kinder bekommen. Mit

Claudia ist das Glück in mein Leben eingezogen – und geblieben.

*

Als die Polizei mir damals beim Einsatz in den Grindelwaldhochhäusern das Leben gerettet hat, war Claudia kurioserweise ganz in meiner Nähe.

Als junge Studentin fuhr sie gerade mit dem Bus von der Hamburger Innenstadt zum Studentenwohnheim, als der Busfahrer plötzlich stoppte, weil es eine Straßensperre gab. Claudia ärgerte sich sehr über diese Verzögerung – verständlich, denn sie saß vier Stunden in dem Bus fest. Der Linienbus durfte nicht weiterfahren, die Fahrgäste durften auch nicht aussteigen.

Die versteinerten Mienen der Beamten an der Absperrung verrieten nichts. Irgendetwas war im Gange, aber keiner wusste Genaueres. Später hat Claudia erfahren, dass meine Befreiung der Grund für die Straßensperren im Viertel war. Auch diese Geschichte ist etwas, was uns sehr stark miteinander verbindet.

Den damaligen Einsatzleiter, Kriminaloberrat Reinhard Bromm, habe ich vor einigen Jahren beim Dreh der Sendung »Akte X Spezial« wiedergesehen. Es war hochinteressant, von ihm nach so langer Zeit zu hören, wie er die Entführungssituation damals erlebt hat. Zwei Stunden nachdem mein Vater Werner Hermann Janssen am 7. Juni 1998 um 11:59 Uhr im Polizeipräsidium am Strohhaus angerufen hatte, trat bereits ein Krisenstab unter Bromms Leitung zusammen. Alles Weitere ist Geschichte.

Kriminaloberrat Reinhard Bromm und seinem unglaublich engagierten Team habe ich mein Leben zu verdanken. Wie er mir später erzählte, hat er während der gesamten acht Tage, die meine Entführung andauerte, nur wenig geschlafen. Und wenn überhaupt, dann völlig erschöpft mal eine Stunde zwischendurch auf einer Liege im Polizeipräsidium. Der Mann hat nicht nur seine persönlichen, sondern auch berufliche Grenzen überschritten, um für den Einsatz Technik zu nutzen, die noch gar nicht offiziell zugelassen war. Und schließlich hatte er alles auf eine Karte gesetzt: »Zugriff!«

*

Obwohl mich mein vermeintlicher Freund Volker damals in Hamburg verraten hat, habe ich mein generelles Grundvertrauen in andere Menschen nicht verloren. Das hängt sicher mit der wichtigen Erkenntnis zusammen, dass ich zwar einen Verrat erlebt habe, aber in demselben Zusammenhang eben auch das Gegenteil: viele, viele Menschen, die sich selbstlos für mich eingesetzt haben, die für mich gekämpft, sich meines Vertrauens als würdig erwiesen haben. Herr Bromm, die anderen Einsatzkräfte und viele namenlose Helfer, die den Ablauf der Rettungsaktion ermöglichten, meine Eltern, später auch Claudia … Vielleicht wird einem die Anwesenheit und der Wert solcher Menschen nie so sehr bewusst wie in einer Extremsituation. Und das wiegt das Negative vielfach auf. Auch dem Leben selbst gegenüber habe ich mir dieses Grundvertrauen bewahrt. Ich mache es nicht von guten oder schlechten Erfahrungen abhängig. Und ich knüpfe mein Vertrauen in das Leben an keine Bedingung. Manchmal sind es gerade die unscheinbaren Momente, die entscheidend sind. Ein kleiner Hinweis, ein Fingerzeig, eine Frage, die uns aufmerken und zögern lassen, den nächsten Schritt zu tun. In einigen Fällen trennt uns in solchen Momenten nur eine Handbreit Glück von einer Katastrophe. In meinem Leben habe ich sehr oft Bewahrung vor Schlimmerem erlebt. Dafür bin ich dankbar!

Insgesamt sind mir in meinem Leben viel, viel mehr Menschen begegnet, die mir Gutes getan oder mir sogar das Leben gerettet haben, als solche, die mir Böses wollten. Und so sehe ich überhaupt keinen Grund, mir von einer Handvoll Menschen mein Grundvertrauen zerstören zu lassen. Viele von ihnen handeln aus einer Angst heraus und wirken gerade deshalb böse. Gewalt ist immer Ausdruck von Angst. Kein Mensch ist böse aus Lust am Bösen, sondern immer aus einer Verzweiflung heraus, sagte mir einst Anselm Grün.

*

Einer der drei Entführer hat nach Jahren wieder Kontakt aufgenommen und sich bei mir entschuldigt. Und ich habe ihm geantwortet, dass ich ihm vergeben habe. Denn diese Erkenntnis habe ich zum Glück schon früh gehabt, nachdem ich damit begonnen hatte, meine Entführung innerlich zu verarbeiten: Wer wirklich frei sein will, der muss vergeben können. Denn sonst bleibt man immer Gefangener der Menschen, die einem etwas angetan haben.

Wenn ich nicht dazu in der Lage bin, anderen Menschen das zu vergeben, was sie mir angetan haben, dann werden die Gedanken an die dunklen Momente und die Verletzungen, die ich erlitten habe, mich immer wieder beherrschen. Das Verharren in der Opferrolle hilft nicht weiter! Erst in dem Moment, in dem ich dem anderen seine Tat(en) vergebe, kann ich innerlich loslassen.

Freiheit ist für mich ein sehr wichtiger Wert im Leben. Und Vergebung ist der Königsweg in die innere Freiheit.

Die Kunst der Menschwerdung besteht, so sagt es Hildegard von Bingen, darin, aus Wunden Perlen zu machen. Angst, die wir überwinden, kann zum Wegweiser in die Freiheit werden. Wenn ich daran glaube, dass das, was mir jetzt widerfährt, für irgendetwas gut ist, dann überwinde ich die Angst.

8 // ANGST HABEN WIR ALLE

Ängste gehören zum Leben. Sie warnen uns vor Gefahren, und sie sind Ausdruck menschlicher Entwicklung. Besonders wenn man sich auf etwas Neues einlässt, das man noch nicht einschätzen kann, treten sie immer wieder auf. Ängste sind in vielerlei Hinsicht hilfreich: Sie stimulieren das Nervensystem, um es zu Höchstleistungen zu befähigen. Beispielsweise zu vermehrter Wachsamkeit, höherer Konzentration und aktiver Handlungsbereitschaft. Ängste bewahren uns vor Unfällen, Verletzungen und Tod, indem sie uns den Impuls dazu geben, etwas Bestimmtes, was riskant erscheint, besser zu vermeiden oder vor Gefahr zu fliehen.

Angstreaktionen beginnen im menschlichen Gehirn in dem Bereich, der für die Bewertung von Situationen zuständig ist, dem sogenannten Frontallappen. Wenn eine Diskrepanz zwischen dem aktuellen Erleben und dem, was wir eigentlich erwartet oder erhofft haben, besteht, kommt es zu einem Erregungszustand, der sich – wenn der Zustand nicht abgestellt wird – in Sekundenbruchteilen aufschaukelt. Eine rationale Reaktion wird blockiert, unser Körper schaltet sozusagen in den Notfallmodus um. Unser Verhalten wird von tiefer liegenden und deshalb stabiler funktionierenden neuronalen Netzwerken bestimmt. Wir kommen dann in einen archaischen Modus, der nur noch drei Verhaltensoptionen zulässt: Angriff, Flucht oder Erstarren. Wenn Gefahr droht, ist oft der erste Reflex ein kurzes Erstarren, ein zweiter Impuls, erst einmal wegzurennen oder abzutauchen. Wenn Flüchten keine Option ist, geht man in Verteidigungsmodus, in dem dann jedes Mittel recht zu sein scheint: Kratzen, Beißen, Schlagen, Treten, Schreien.

So haben schon unsere Urururahnen gehandelt, die Neandertaler. Wenn der Säbelzahntiger um die Ecke kam, standen die Urzeitmenschen da und waren vermutlich im ersten Moment auch kurz starr vor Schreck. Dann haben sie versucht, sich mit dem zu verteidigen, was sie hatten. Vermutlich mit einem Speer, der eine Steinspitze hatte. Das ist natürlich nur eine unzureichende Waffe, um einem aggressiven Säbelzahntiger Einhalt zu gebieten … Aber manchmal haben die Neandertaler es dennoch geschafft, das Tier zu vertreiben oder sogar zu töten. Höhlenmalereien, die die Jahrtausende überstanden haben, zeigen solche Kampf- und Jagdszenen. Denn natürlich haben die Menschen auch Tiere gejagt und erlegt, um ihr Fleisch zu essen.

Angst mahnt uns, das eine oder andere nicht zu tun, weil wir uns sonst dabei verletzen oder sogar sterben könnten. Und sie zeigt mir auch, dass an einer bestimmten Stelle meine Grenzen überschritten werden. Es gibt eine innere Stimme, die uns warnt. Die uns sagt: »Achtung, jetzt musst du aufpassen. Wenn du an diesem Punkt angelangt bist, ist es nur noch ein kleiner Schritt bis an den Rand des Abgrundes.« Da berichten zwei Bergwanderer, dass sie am Rande eines großen Schneefeldes plötzlich beide ein mulmiges Gefühl hatten und deshalb stehen blieben. Und ja, keine zwei Meter weiter ging es steil bergab. Wären sie weitergelaufen, wären sie abgestürzt.

Es muss keine Bergtour sein, auf der wir solche Empfindungen haben, die uns warnen. Jede(r) kennt dieses ungute Gefühl im Bauch, das sich einstellt, bevor ich etwas tue, was dann vielleicht schiefgeht. Dieser kurze innere Impuls ist ein Warnruf: »Achtung, pass auf! Hier ist etwas nicht in Ordnung.« Der Moment der Entscheidung – in dem wir direkt stoppen oder nach einem Abwägen der möglichen Gefahren weitergehen – findet kurz unterhalb des Zwerchfells statt. Dort sitzt der Solarplexus. Interessant ist, dass allein der Gedanke an einen Säbelzahntiger rein physiologisch und neurologisch betrachtet ähnliche Symptome hervorrufen kann, als stünde er mir tatsächlich gegenüber. In beiden Fällen schlägt der Körper Alarm.

Heute sehen unsere Bedrohungen natürlich anders aus: Säbelzahntiger und Mammuts sind längst ausgestorben, und die wenigsten von uns werden in der Wildnis unterwegs sein, wo wilde Tiere wie Löwen, Leoparden oder Bären auf Beutezug sind. Aber viele Menschen haben Angst, wenn sie in der Dunkelheit an einsamen Orten unterwegs sind, vielleicht in einem schlecht beleuchteten Park oder im Wald oder in einem Stadtviertel, das einen schlechten Ruf hat. Sie befürchten, sie könnten überfallen, verletzt und ausgeraubt werden. Tagsüber ist es kein Problem für sie. Aber sobald es Nacht wird, fürchten sie sich, dort allein unterwegs zu sein. Andere ängstigt die Vorstellung, dass Einbrecher ihr Haus oder ihre Wohnung aufbrechen und ihren Besitz stehlen oder alles verwüsten.

Sehr viele Menschen haben Versagensängste, Prüfungsangst, Angst vor Vorgesetzten oder den Kolleginnen und Kollegen. Es gibt Flugangst, Höhenangst, Angst vor dem Wasser, vor engen Räumen, vor Spinnen oder vor Mäusen. Einige Ängste sind rational begründbar – andere bleiben diffus oder irrational. Dies bedeutet: Die tatsächliche Gefahr ist objektiv betrachtet sehr gering, wird aber von jemandem als total relevant und bedrohlich empfunden. Ein Beispiel: Laut der Internationalen Luftverkehrsvereinigung IATA reisen jeden Tag weltweit durchschnittlich mehr als zwölf Millionen Menschen mit dem Flugzeug. Im gesamten Jahr 2019 ereigneten sich 20 Unglücke mit Flugzeugen im zivilen Einsatz, dabei verloren 293 Menschen ihr Leben. Während die Zahl der Passagiere weltweit jedes Jahr weiter ansteigt, sinkt die ohnehin relativ geringe Zahl der Verunglückten kontinuierlich. Die statistische Wahrscheinlichkeit, durch einen Flugzeugabsturz ums Leben zu kommen, lag 2019 bei 1 zu rund 16 Millionen. Fliegen ist damit fast 61 Mal sicherer als in den 1970ern.[10]

Im gleichen Jahr ereigneten sich allein in Deutschland rund 2,3 Millionen Autounfälle, davon 258 987 mit »Personenschaden«; es gab 2567 Verkehrstote.[11] Und doch haben die allermeisten Menschen keine Angst, mit dem Pkw zu reisen – und 16 Prozent der Deutschen leiden laut einer Umfrage des Instituts für Demoskopie Allensbach unter Flugangst. Allein wenn sie daran denken, ein Flugzeug zu besteigen, wird ihnen schon heiß und kalt. Einige von ihnen schaffen es, diese Ängste zu überwinden, vielleicht auch mithilfe eines leichten Beruhigungsmittels. Der Wunsch, in ein fernes Land zu fliegen, ist größer als ihre Angst. Für andere steht fest, dass sie es gar nicht erst versuchen werden. Die Angst ist zu groß.

Jeder und jede empfindet andere Dinge oder Situationen als bedrohlich. Seit einigen Jahren untersucht die R+V Versicherung die Ängste der Deutschen und veröffentlicht dann die Ergebnisse der Studie.[12] 2022 standen Ängste, die sich um den drohenden Verlust von Geld und Wohlstand drehen, auf den vorderen Plätzen. Zwei Drittel der Befragten gaben an, dass sie Angst haben, mit den steigenden Lebenshaltungskosten nicht zurechtzukommen. Danach folgten auf Platz zwei und drei des Rankings die Angst vor unbezahlbarem Wohnraum (58 %) und einer allgemein schlechten Wirtschaftslage (57 %). Viele fürchten auch einen Krieg mit deutscher Beteiligung.

Angesichts der Attentate der IS-Milizen stand ab 2016 zwei Jahre lang die Angst vor Terror auf Platz eins der Ängste-Skala. Seit 2001 wird nach der Angst vor politischem Extremismus gefragt. Im vergangenen Jahr erreichte die Sorge mit 35 Prozent Anteil ihren bislang niedrigsten Wert. Stattdessen befürchtet fast jeder Zweite derzeit Wetterextreme und Naturkatastrophen. Die Angst vor den Auswirkungen des Klimawandels wächst.

Angst hat verheerende Seiten: Aus der Angst, zu kurz zu kommen, wichtige Rohstoffquellen zu verlieren, oder vor einer »Überfremdung durch andere« entstehen Kriege und Gewalt zwischen Volksgruppen, Nationen oder Religionen. Weil wir befürchten, in ein Ohnmachtsgefühl abzurutschen, reagieren wir aggressiv. Es ist auch die Macht der Angst, die uns immer wieder in Konflikte mit anderen Menschen, unserem Partner, den Kollegen oder Freunden führt.

DREI QUELLEN DER ANGST

Der Psychoanalytiker Viktor Frankl, der Begründer der Logotherapie, beschreibt drei essenzielle Quellen der Angst: die Angst vor dem Tod, die Angst vor der Schuld und die Angst vor dem Leid.

Es liegt in der Natur des Menschen, dass er nicht leiden möchte. Also versuchen wir all das, was uns Leid bringen könnte, zu vermeiden. Aufzupassen, dass ich mich nicht bei irgendeiner Tätigkeit verletze und so körperliches Leid entsteht, ist das eine. Deshalb ziehe ich (sinnvollerweise!) beim Eislaufen Ellenbogen- und Knieschützer an und trage auf der Bergwanderung einen Helm, wenn Steinschlag droht. Aber ich achte auch darauf, dass mir kein emotionales Leid widerfährt.

Viele fürchten das Zerbrechen von Beziehungen, den Tod geliebter Menschen, aber auch den Arbeitsplatzverlust. Wir passen auf, dass uns nichts genommen wird, mit dem wir uns identifizieren. Sei es, dass uns etwas für uns Kostbares gestohlen wird, etwas Schönes zerbricht oder sonst auf irgendeine Weise verloren geht. Denn hieraus entsteht emotionales Leid. Wir betrauern den Verlust, weil es wesentlich für uns war, es unser Eigen zu nennen. Und wir haben Angst, etwas zu gefährden, was uns wichtig ist.

Angst führt dazu, dass wir achtsam und vorsichtig handeln.

Sie sichert auf diese Weise letztlich unser Überleben. Und sie wird zum Problem, wenn Angst uns beherrscht und wir keinen guten Umgang mit ihr finden. Ein wichtiger Schritt ist es, zu einer bestimmten Situation, in der ich mich gerade befinde, »Ja« zu sagen.

Auch im beruflichen Umfeld gibt es Verlust- und Versagensängste. Wenn wir eine Position innehaben, in einem Unternehmen eine aus unserer Sicht bedeutsame Rolle spielen, dann identifizieren wir uns damit. Und wenn uns dies genommen wird, dann leiden wir. Denn es kommt uns ja nicht nur der Posten, sondern auch ein Stück unserer Identität abhanden. Wer bin ich dann noch – wenn ich diesen Titel nicht mehr habe, vielleicht auch das Auto abgeben oder das Haus verkaufen muss, weil ich den Kredit nach dem Verlust des Jobs nicht mehr bedienen kann? Wenn wir etwas verlieren, mit dem wir uns stark verbunden fühlen, dann leiden wir. Das besitzanzeigende Wort »mein« ist dabei ein wichtiger Hinweisgeber für alles, mit dem ich mich in besonderer Weise identifiziere. Wenn ich irgendwo auf der Straße ein beschädigtes Auto sehe, lässt mich das emotional kalt. Ganz anders ist es, wenn ich bemerke, dass es sich um mein Fahrzeug handelt.

TRÄUME, VON DENEN WIR UNS VERABSCHIEDEN MÜSSEN

Im Buddhismus spricht man vom Anhaften als Ursache für Leid. Ich hänge an meinem Traum, meinem Haus, meinem schicken Auto, meiner Idee – das zu mir gehört. Je stärker ich mich mit etwas identifiziere, desto größer ist die Angst, es zu verlieren. Oder ich träume von mehr!

Das Fatale ist, dass man einem Traum oft noch eine ganz Weile hinterherjagt, auch wenn dessen Erfüllung immer unrealistischer wird. So gerät man noch tiefer in den Schlamassel hinein, weil man vor lauter Angst, das alles aufgeben zu müssen, total viele Fehler macht, die einem sonst nicht passiert wären. Oder du hast schon anderen von deinen Träumen erzählt, wie toll das alles wird. Und plötzlich stehst du mit leeren Händen da und musst erklären, warum es nicht zustande kommt. Dann fühlst du dich als Versager.

Und dann gibt es natürlich Momente, die uns triggern, dass man beispielsweise denkt: »Es war ein weiter Weg bis hierher, das Ganze kostet viel Geld. Ich will jetzt nicht mit leeren Händen zurückkommen. Das Ganze hatte ich mir im Vorfeld so schön ausgemalt. Das kann ich jetzt nicht einfach mir nichts, dir nichts aufgeben.« In solchen Situationen bist du eher geneigt, etwas zu riskieren und an einem Plan gegen alle Widerstände festzuhalten, auch wenn du ein komisches Gefühl dabei hast. Dann überfahren wir, bildlich gesprochen, alle Stoppschilder, die uns warnen. Denn je mehr ich mich mit einer Idee identifiziere, desto größer ist die Angst, dass all das nicht verwirklicht wird. Oder wir glauben, dass unsere Umkehr von anderen als Scheitern betrachtet wird. Fatal! Es sind schon viele zu Tode gekommen, weil sie gefürchtet haben, sich zu blamieren, wenn sie umkehren und einen Plan, den sie vorher verkündet haben, fallen lassen.

Letztlich sind es immer unsere Gedanken, die uns beherrschen und gefangen nehmen. Ein Gefühl, eine Unsicherheit, Gerüchte, die wir gehört haben, Teilwahrheiten.

Stress ist ein Symptom und nicht die Ursache für Angst. Wenn jemand sagt: »Ich bin total im Stress!«, dann hat er das Gefühl: »Ich schaffe das nicht, was ich tun soll – oder zumindest nicht bis zu dem vorgegebenen Termin.« Andere denken: »Wenn das jetzt auch wieder schiefgeht, wenn ich versage, dann war es das vermutlich… Dann bin ich bei den anderen endgültig unten durch.« Dabei ist oft die- oder derjenige viel mutiger, der eine Fehleinschätzung korrigiert.

WIR KOMMEN NICHT DARUM HERUM

Vermeiden lassen sich leidvolle Erfahrungen nicht. Daher wäre es klüger, mit dem Leid, das uns widerfährt, umzugehen: mit Verletzungen, Krankheiten, Schmerzen, Verlusten und auch dem Tod geliebter Menschen. Einmal hatte ich große Angst um unsere Tochter, die im Urlaub auf Borkum einen Unfall hatte. Nahe dem Leuchtturm ist sie einen abschüssigen Weg mit ihrem Laufrad hinuntergesaust und konnte unten nicht mehr bremsen. Mit dem Kopf ist sie gegen ein Metallgeländer geschlagen und hat sich schwer verletzt. Ein Rettungshubschrauber wurde gerufen, meine Frau ist mit ihr mitgeflogen. Wir hatten beide große Angst um das Leben unserer Tochter. Zum Glück ist das Ganze gut ausgegangen – unsere Tochter ist wieder ganz gesund geworden.

SCHULD

Die dritte Quelle der Angst, die Viktor Frankl benennt, ist die Angst vor der Schuld. Und wir kommen im Laufe unseres Lebens leider nicht umhin, am anderen schuldig zu werden. Manche Menschen leiden ihr Leben lang an Schuldgefühlen. In dem Buch der Australierin Bronnie Ware mit dem Titel »Was Sterbende am meisten bereuen« spielt die Schuld und deren Verbergen vor anderen immer wieder eine Rolle. Erst auf dem Sterbebett können manche aussprechen, was sie jahrzehntelang nicht in Ruhe gelassen hat.

Wenn ich etwas Schlimmes getan und dies vertuscht habe, treibt mich fortan die Angst vor Entdeckung um. Wir schämen uns für die Tat und glauben: »Wenn das rauskommt, dann bin ich bei den Menschen in meinem Umfeld unten durch.«

Da ist sie wieder, die Angst davor, den Erwartungen anderer nicht zu genügen oder deren Anerkennung zu verlieren. Die Angst vor Schuld beinhaltet die Angst davor, ausgestoßen zu werden.

Andere haben als Kind die Erfahrung gemacht, dass sie für einen Fehler derart hart bestraft wurden, dass sie in Zukunft alles dafür tun, nicht noch einmal negativ aufzufallen. Fehler grundsätzlich möglichst nicht einzugestehen, ist ihre persönliche Schutzstrategie. Bei einigen Menschen ist in solchen Situationen der Druck so hoch, dass sie keinen anderen Ausweg sehen, als Selbstmord zu begehen. Wie traurig!

Es ist so wichtig, dass ich Verantwortung für mein Handeln übernehme. Die Schuld, die auch ich zwangsläufig immer wieder auf mich lade, nicht anderen in die Schuhe zu schieben. Denn nur so kann ich frei werden. Wenn ich denjenigen, an dem ich schuldig geworden bin, um Vergebung bitte, ist das ein erster, wichtiger Schritt. Einzugestehen, dass ich einen schweren Fehler gemacht habe, und um Verzeihung zu bitten, öffnet sehr häufig die Tür für ein neues Miteinander.

Als glaubender Mensch kann ich meine Schuld im Gebet vor Gott aussprechen. Das entlastet.

*

In der Bibel gibt es eine spannende Geschichte, in der es um Angst, Schuld, Tod und eine Entscheidung für das Leben geht (sie steht im Johannesevangelium, Kapitel 7, ab Vers 53). Die Pharisäer, die Schriftgelehrten dieser Zeit, man könnte auch sagen, die religiösen Anführer, wollen Jesus augenscheinlich eine Falle stellen, das weiß er. Da ist eine junge Frau, die mit einem anderen Mann erwischt worden ist, der verheiratet ist. Den Mann hat man weggeschickt, die Frau muss sich für ihr Handeln verantworten. Und jetzt wird Jesus gefragt: »Die Frau hat sich des Ehebruchs schuldig gemacht, was sollen wir mit ihr tun?« Jesus weiß, dass die Frau nach dem geltenden religiösen Gesetz verurteilt und gesteinigt werden müsste. Wenn er sagen würde: »Sie ist unschuldig – oder zumindest nicht weniger schuldig als der Mann, lasst sie auch gehen«, dann wird man ihm vorwerfen, dass er das Gesetz missachtet. Jesus steckt in einer Zwickmühle: Denn er tritt immer für das Leben ein. Was macht er nun in der scheinbar ausweglosen Situation? Er setzt sich auf den Boden, zieht mit dem Finger Kreise in den Sand und schweigt. Und dann sagt er: »Wer von euch ohne Schuld ist, der werfe den ersten Stein.« Da gehen alle weg bis auf einen jungen Mann, der unschlüssig ist, was er tun soll. Und am Ende geht auch die junge Frau.

Die Geschichte zeigt, dass es nicht nur Schwarz oder Weiß, Ja oder Nein gibt, sondern dass es oft vor allem darauf ankommt, die richtigen Fragen zu stellen.

Jesus hat in Möglichkeiten gedacht. Für ihn kam nur die Gewaltlosigkeit infrage, deshalb war es seine einzige Handlungsoption, die Frau gehen zu lassen. Die Option, zu richten, jemanden zu verurteilen, nach den geltenden religiösen Gesetzen zu agieren, gab es für ihn nicht als Möglichkeit. Und der Weg, den er wählt, ist sehr klug! Er spielt den Ball der Entscheidung seinen Gegenspielern zu. Er ahnt, dass keiner der Anwesenden bislang ein Leben geführt hat, in dem Schuld keine Rolle spielt. Und so kommt es, dass alle den Platz als freie Menschen verlassen.

Die Geschichte erinnert mich daran, dass wir oft in unsern Denkmodellen festhängen. Dass wir in einer Entscheidungssituation nur zwei Wege sehen, obwohl es Dutzende Möglichkeiten gäbe – oder zumindest einen wirklich guten dritten Lösungsansatz.

9 // DAS GROSSE DURCHEINANDER

Zu Beginn der Pandemie hatten viele Angst, als sie merkten, dass plötzlich nichts mehr sicher ist, was bisher als Gewissheit galt. Ausgangssperre, Kurzarbeit, leere Regale im Supermarkt, drohende Arbeitslosigkeit – mit solchen Entwicklungen hatte keiner gerechnet! Selbstständige Unternehmerinnen und Unternehmer befürchteten (sicherlich auch zu Recht), dass sie durch die massiven Einschränkungen des öffentlichen Lebens alles verlieren könnten, was sie sich jahrelang aufgebaut hatten. So wurde die Pandemie für viele auch zum Beginn einer Identitätskrise. Und natürlich hatten die allermeisten auch große Angst, sich mit dem Virus anzustecken, krank zu werden, an Atemnot zu leiden und vielleicht sogar zu sterben. Die Bilder sterbender Menschen, Beatmungsgeräte auf Intensivstationen, die sich in Krematorien stapelnden Särge und einsame Beerdigungen waren schrecklich.

Oft fürchten wir uns eher vor dem Leiden und Sterben als vor dem Tod an sich. Und manchmal raubt uns die Angst vor der Vergänglichkeit die Freude an all dem Schönen, was eigentlich gerade geschieht.

Um auszudrücken, wie wir eine bestimmte, angespannte oder bedrohliche Situation empfinden, sagen wir manchmal: »Mir stehen die Haare zu Berge …« oder: »Ich schwitze Blut und Wasser«. Viele Menschen haben Angst, wovor auch immer. Da ist die große Unsicherheit, die wir erleben, die Unvorhersehbarkeit der Entwicklungen, die Komplexität und die Intransparenz – alles Rahmenbedingungen, die der Angst viel Futter bieten, sich zu vergrößern … Und die Angst ist gefräßig. Wenn sie uns erst einmal gepackt hat, ist es schwer, sie wieder loszuwerden und ihr zu entfliehen.

Angst bekommen wir, bildlich gesprochen, wenn in unserem Kopf ein immer größer werdendes Gefühlschaos entsteht und uns nicht klar ist, was wir jetzt tun können, damit das endlich aufhört. Irgendwann lähmt uns das total. Wir spüren die Angst am ganzen Körper – und wir fühlen uns hilflos. In solchen Momenten ist Angst der Energiekiller schlechthin.

*

Gründe, dass unsere Gedanken und Gefühle durcheinandergeraten, dass wir nicht mehr wissen, wo oben und unten ist, gibt es mehr als genug. Unsere Welt verändert sich derart schnell, dass wir eigentlich permanent mit Neuem konfrontiert werden. Und vor allem auch mit Situationen, die wir nicht erwartet hätten. Wer hätte vor drei Jahren gedacht, dass ein Virus eine derart gigantische globale Krise auslöst? Dass das öffentliche Leben über Monate hinweg weitgehend zum Erliegen kommt, Schulen, Kindergärten, Kinos, Schwimmbäder und andere Sportstätten geschlossen werden? Wir nur noch mit medizinischen Masken Busse, Bahnen und Flugzeuge nutzen dürfen? Dass wir vor einem Restaurantbesuch unseren Impfnachweis zeigen müssen? Und vor allem: dass Millionen von Menschen elendig an einer bis dato unbekannten Krankheit sterben oder – wenn sie nach schweren Verläufen doch wieder auf die Beine kommen – an den Nachwirkungen vielleicht für immer zu leiden haben?

Auch dass es in Europa wieder einen Krieg geben könnte, dass die NATO »an der Ostgrenze« sicherheitshalber Truppen zusammenzieht und die Bundesregierung über einen Raketenschutzschild nach dem Vorbild Israels nachdenkt – das war bis zum Februar 2022 ganz weit weg von unserer Vorstellungswelt. Drohungen waren natürlich schon lange ausgesprochen, und ja, Russland hatte die Krim vor einigen Jahren gewaltsam »annektiert«. Doch dass es jetzt noch weit schlimmer kommen könnte, wollten wir nicht wahrhaben. Was dann losbrach, war unerwartet heftig und stürzte die meisten Menschen in Europa in ein seelisches Chaos.

*

In Zeiten der Unsicherheit und der Veränderung treibt uns diese Angst vor sich her und lässt uns irrationale Dinge tun. Klug vorzusorgen ist das eine. Aber die Grenzen zur völlig überzogenen Panik sind fließend.

In den ersten Wochen nach Beginn des Krieges in der Ukraine haben viele Menschen von früh bis spät die Nachrichten verfolgt und im Internet gesurft. Das Gefühl, sich wenigstens gut über alles informiert zu haben, sollte anscheinend die Angst zurückdrängen, gegenüber den Entwicklungen hilflos zu sein. Aber die Menge an Informationen – durchaus immer wieder auch widersprüchlich – hilft nicht. Stattdessen wird die Verwirrung größer, und es stellt sich ein diffuses Gefühl der Ohnmacht gegenüber den Entwicklungen ein: Was machen wir denn jetzt? Wie verhalte ich mich am besten? Denn egal, wie viele Informationen wir sammeln, wie oft wir darüber nachdenken – es gibt keinen Ausweg, keine Lösung. Keine Antwort auf die Frage: Wo führt das hin, wie wird sich dieses oder jenes weiterentwickeln? Wie wird es in einem halben Jahr sein? Wird der Krieg auch unser Leben in Deutschland radikal verändern? Wir wissen es nicht. Es bleibt Spekulation. Und das zunehmende Durcheinander in unserem Kopf macht uns Angst.

Auch die Bibel erzählt von solchen Situationen. Im Alten Testament wird berichtet, dass Ruth zur Salzsäule erstarrt, als sie entgegen der Weisung Gottes auf die brennende Stadt zurückblickt. Sie erstarrt vor Schrecken. Ich habe das Bild lange nicht verstanden. Dann wurde mir klar, Gott sagt: Lass das Alte hinter dir, schau nicht zurück, sondern nach vorne, dorthin, wo die Zukunft für dich liegt. Das Leben findet im Hier und Jetzt statt. Wenn wir ganz gegenwärtig sind.

Auch neurologisch betrachtet, ist die Geschichte von Ruth erklärbar, weil es drei Mechanismen gibt, mit Angst umzugehen: Kampf, Flucht oder Erstarrung.

Weil du mit deinen Gedanken in der Vergangenheit feststeckst oder immerfort um die Zukunft kreist, beraubst du dich der Fähigkeit, gegenwärtig zu sein – und in der Gegenwärtigkeit die Lösung zu finden. Die Lösung für die Probleme von morgen findest du immer im Jetzt, in diesem Moment. Nur wenn ich jetzt ins Handeln komme, kann dies irgendwann zur Folge haben, dass sich die Situation verbessert. Das Grübeln über die Zukunft bringt nichts, einfach nichts.

Papst Johannes XXIII. hat zu diesem Gedanken einen klugen Satz formuliert, der sich als eines seiner Zehn Gebote der Gelassenheit in vielen Schriften wiederfindet: »Heute, nur heute werde ich mich bemühen, den Tag zu leben, ohne die Probleme meines Lebens auf einmal lösen zu wollen.«

*

Das, was wir erleben, ist bis auf wenige Ausnahmen nicht der Grund für unsere Angst, sondern nur der Auslöser. Angst ist oft die Summe dessen, was sich in den letzten Jahren innerlich angesammelt hat. Unangenehme Erfahrungen, die wir im Leben gemacht haben, die dazu führen, dass wir heute davor zurückschrecken, wieder etwas Ähnliches zu erleben. Wenn uns etwas an das frühere Geschehen erinnert, weckt dies wieder die Angst.

Menschen bekommen Angst, weil bestimmte Bilder in ihnen auftauchen, die derart bedrohlich wirken, dass sie ihre Gefühle nicht mehr in den Griff bekommen. Krankhafte Angst zeigt sich oft in Situationen, die in einer innerlich ruhigen Verfasstheit in Wirklichkeit überhaupt nicht gefährlich sind.

Existenzielle Ängste wiegen schwer. Aber sie haben auch kleine Geschwister, beispielsweise die Angst davor, eine bestimmte Aufgabe nicht bewältigen zu können, obwohl es von uns verlangt wird. Es einfach nicht zu schaffen, am Ende zu versagen. Und wer kennt sie nicht, die Angst davor, einen anderen, vielleicht einen besonders geliebten Menschen zu enttäuschen? Und dann gibt es auch noch die Angst, wieder einmal bei etwas den Kürzeren zu ziehen, wie schon so oft. Solche Gedanken schleifen sich in unserem Gehirn ein und sorgen dafür, dass sich die Befürchtungen am Ende vielleicht sogar bewahrheiten – weil wir derart verunsichert sind, dass wir wirklich kaum noch etwas Vernünftiges zuwege bringen. Es kommt dann so, wie wir es angstvoll vorhergesehen haben, weil wir schon mit dem Gefühl losgehen, dass wir es ohnehin nicht schaffen werden. Das ist die selbstbewahrheitende Prophezeiung – und die denkbar schlechteste Voraussetzung, um am Ende heil aus einer komplizierten Situation herauszukommen.

Wer hingegen denkt: »Ja, es könnte Probleme geben, aber ich vertraue darauf, dass mich jedes Problem dabei unterstützt, mich weiterzuentwickeln«, wird viel souveräner auftreten und handeln.

Dazu gibt es eine gute Übung: Beschreibe eine Situation, die in dir ein Angstgefühl auslöst. Stelle dir vor, dass dieses Gefühl der Angst nicht etwas ist, das es zu vermeiden, sondern zu nutzen gilt – und zwar als Merkmal, als Wegweiser dafür, dass gerade jetzt, in diesem Moment, eine Entwicklung stattfindet. Spüre dem Gedanken nach: »Ich empfange etwas Wesentliches. Wunderbar, jetzt darf ich wachsen!« So besetzt du das Gefühl der Angst neu.

Wir danken gerne für das Positive in unserem Leben. Etwas anderes ist es, sich dafür zu entscheiden, für alles dankbar zu sein, was mir widerfährt. Es sind unsere Tränen, die uns den Weg zu unserer eigenen Wahrheit frei spülen…

Wenn jemand über sich selbst sagt: Ich habe niemals Angst – dann denke ich: Wo bleibt die Achtsamkeit? Denn das Gefühl der Angst schafft Momente der Aufmerksamkeit, bringt uns dazu, uns im Leben auf etwas zu fokussieren, und ermöglicht auf diese Weise auch Entwicklungen. Wenn jemand keine Angst hat, verliert er den Respekt vor dem, was geschieht.

10 // SCHNELLER, HÖHER, WEITER – BIS WIR NICHT MEHR KÖNNEN

In unserer Leistungsgesellschaft geht es in der Regel um quantitatives Wachstum: schneller, höher, weiter; mehr erreichen, mehr verdienen in kürzerer Zeit. Das ist ein Krebsgeschwür, das die Natur und den Menschen irgendwann zugrunde richten wird. Denn das permanente Streben nach mehr macht etwas mit uns. Bereits 1972 – vor über 50 Jahren (!) – sprach der *Club of Rome*, eine internationale Gruppe von Wissenschaftlern, von den Grenzen des Wachstums. Diese Grenzen haben wir schon seit Jahrzehnten überschritten. Und jetzt kommt es dick. Manche negativen Entwicklungen und Auswüchse eines maßlosen Handelns lassen sich kaum noch stoppen.

Die Mechanismen, die dazu führen, zu verstehen, ist ein erster Schritt. Achte auf das, was du hast – und nicht auf das, was dir fehlt. Das führt zu Gelassenheit und bewahrt uns davor, immer wieder Angst haben zu müssen, etwas nicht zu erreichen.

Auch die Leistungsgesellschaft bedient sich der Angst der Menschen, um die von ihr angestrebten Ziele zu verwirklichen. Der Widerstand gegen das *Jetzt,* die Energie, die uns antreibt, mehr zu wollen, entstammt der Angst, zu kurz zu kommen, nicht zu genügen, gefühlt irgendwie unvollständig zu sein. Menschen sind bereit, sehr viel dafür zu geben, um zu einer gesellschaftlichen Gruppe dazuzugehören. Denn Zugehörigkeit ist ein wichtiges Grundbedürfnis des Menschen. Zu denken: »Ich muss nur fleißig genug sein, damit ich Erfolg habe, mit den anderen mithalten kann und auf diese Weise glücklich werde« – das ist das eine. Aber was passiert, wenn ich den Anforderungen nicht genüge, wenn ich zu langsam bin? Viele sind von der Angst getrieben, nicht mithalten zu können und deshalb auch nicht gesehen zu werden. Andere haben Angst davor, das zu verlieren, was sie sich bereits erarbeitet haben, irgendwie ins Abseits zu geraten. Die Angst davor treibt Menschen zu Höchstleistungen an – und letztlich in die Erschöpfung. Nicht ohne Grund steigt die Zahl psychisch erkrankter Menschen von Jahr zu Jahr. Wir sprechen vom Burn-out und meinen damit eine Depression, deren Ursachen oft in einem maßlosen Handeln und einem sich permanent Überfordern liegen.

Das »Gesehen-werden-Wollen« treibt manchmal seltsame Blüten. Eine Mitarbeiterin berichtete mir davon, dass eine Kollegin sich immer wieder darüber beschwerte, was im Betrieb alles nicht funktioniert. Und wenn die meist zu Recht benannten Probleme irgendwann abgestellt worden waren, fand sie immer wieder neue Dinge, die dringend geändert werden mussten. Irgendwann wurde klar, dass es der Frau gar nicht darum ging, die Probleme im Betrieb alle zu lösen und auf diese Weise einen glücklichen Zustand herzustellen. Sie wollte durch ihr Handeln vor allem Aufmerksamkeit bekommen, gesehen werden. Denn oft ging es am Ende nur noch um Kleinigkeiten, die auch so, wie sie waren, hätten bleiben können. Ein derartiges Agieren hat natürlich Gründe: Vielen Menschen wird von Kindesbeinen an permanent vermittelt, dass ihre Leistungen nicht ausreichend sind, dass sie nicht gut genug sind, um den Ansprüchen derer, die zu entscheiden haben, zu genügen. Und dass wir alles dafür tun müssen, um mitzuhalten. Koste es uns, was es wolle.

Wenn auf dem Weg zum Himmel, der dir versprochen wird, das Leben zur Hölle wird, ist das immer wieder frustrierend. Als ob du nur fleißig genug sein musst, um irgendwann in den Himmel zu kommen …

Solange wir uns selbst nicht annehmen, so wie wir sind, werden wir nicht glücklich – egal, wie sehr wir uns auch mühen, den Ansprüchen anderer zu genügen. Und egal, wie viel wir an Besitz zusammentragen, das Gefühl, dass noch nicht alles das ist, was man haben könnte, wird bleiben.

Die Angst, vor anderen Menschen bloßgestellt zu werden, ist auch ein großes Hemmnis. Einmal war ich mit einem jungen Mitarbeiter eine Woche lang unterwegs. Auf einer Veranstaltung mit dem Logotherapeuten Alexander Batthyány sollte ich vor etwa zweihundert Unternehmern in einer süddeutschen Stadt einen Impulsvortrag halten. Anschließend gab es eine Gesprächsrunde. Den jungen Mitarbeiter hatte ich gebeten, sich mit mir in die Mitte eines großen Stuhlkreises zu setzen. Viele Fragen wurden gestellt, und wir beide antworteten darauf. Es war eine sehr gute Runde, und es lief bestens. Nachdem die Veranstaltung zu Ende war, kam mein junger Begleiter auf mich zu und sagte: »Als ich ein kleiner Junge war, da wurde ich in der Schule immer wieder von einem

Lehrer vor der versammelten Mannschaft an der Tafel bloßgestellt. Seitdem konnte ich nicht vor mehr als fünf Leuten sprechen. Es hat mir jedes Mal die Sprache verschlagen. Und heute habe ich vor zweihundert Menschen gesprochen. Danke, dass du mir das zugetraut und mir die positive Erfahrung ermöglicht hast.«

PERFEKT?

Oft ist es so, dass wir uns zu hohe Ziele stecken, die wir kaum erreichen können. Das führt unvermeidlich zu Frust. Wenn die gefühlte Bestimmung im Leben hauptsächlich darin besteht, ein irgendwie geartetes »Soll« zu erreichen, dann wird auch die Angst zu versagen immer wieder nach uns greifen. Denn es wird uns kaum gelingen, dieses »Soll« jemals perfekt zu erreichen. Wenn ich mir immer wieder sage: »Mein Leben ist nicht perfekt, nicht so, wie es sein könnte. Und deshalb muss ich noch ganz viel tun!« – dann gerate ich in einen Strudel schlechter Emotionen. Die inneren Antreiber werden mich auf Dauer, wenn ich nichts ändere, unweigerlich an den Rand meiner Kräfte bringen.

Wenn ich stattdessen lerne, mich anzunehmen, so wie ich bin, dann entstehen Freiheit und Gleichmut. Wie gesagt: In jeder Sehnsucht, einen Traum zu verwirklichen, liegt ein gewisses Krisen- und Angstpotenzial. Und zwar die Angst davor, dass sich der Traum letztlich nicht erfüllt.

Was wir auch leisten, wie sehr wir auch strampeln – es ist nie genug. Es muss doch noch mehr gehen! Das wird uns leider oft von klein auf eingetrichtert. Im Kindergarten soll die Bastelarbeit möglichst perfekt ausfallen, so wie die Erzieherin es vorgeführt hat. In der Schule gilt es, über dem Notendurchschnitt zu liegen, und für das Studium der Medizin braucht es ein Einser-Abitur. Und eben nicht nur den Schnitt von 1,1, sondern 1,0. In der Leistungsgesellschaft drückt sich Erfolg über das aus, was wir erreichen und besitzen – und wie wenige Pausen wir dabei machen.

Wenn ich mich mit derartigen Vorgaben und materiellen Dingen identifiziere, dann muss ich auch immer Angst davor haben, nicht zu genügen. Und auch davor, dass mir vielleicht wieder weggenommen wird, was ich mühsam zusammengetragen habe. Um dieser Angst zu begegnen, versuche ich dann alles abzusichern und zu kontrollieren. Ich schließe Versicherungen ab, die für einen möglichen Verlust haften sollen. Alarmanlagen sichern die Türen und Fenster meiner Wohnung, der Tresor ist feuerfest. Und doch haben wir letztlich keine Sicherheit, dass der befürchtete Ernstfall nicht trotzdem eintritt. All das, was wir uns aneignen, kann flüchtig sein. Nichts erwerben wir für den Rest unseres Lebens – auch nicht Sicherheit –, sondern wir sind immer wieder gefordert, uns den Herausforderungen neu zu stellen.

Das überzogene Bedürfnis nach Macht, Kontrolle und Sicherheit ist ein Kind der Angst. Gerade mit Blick auf diesen Kontext erleben wir in den größten Teilen der deutschen Wirtschaft, Gesellschaft und Politik die »German Angst«. Wir erkennen sie an jeder Menge Absicherungen, einer häufig überzogenen Bürokratie, Zertifikaten, die man für fast alles braucht. Checklisten werden geschrieben, um kein Detail zu vergessen. Und wenn etwas nicht funktioniert, dann wird gerne versucht, die Schuld von sich zu weisen. Wir erkennen das auch im Sprachgebrauch. Es wird recht gerne das unbestimmte Personalpronomen »man« verwendet. »Man« könnte, sollte, müsste. Statt zu sagen: »Ich bin gefragt. Und ich will es anpacken.« Aber wenn die Erforderlichkeit zu handeln im Unbestimmten bleibt, kann später, wenn es schiefläuft, nicht so schnell Schuld zugewiesen werden. Deshalb macht »man« das so. Im kollektiven »man« einer Gruppe fällt es leichter, auch Dinge zu tun, die nicht in Ordnung sind. Oder eben auch gar nichts.

In unserem Gehirn werden die gleichen Areale angesprochen, wenn ich dir vors Schienbein trete oder dich aus der Gemeinschaft ausschließe. Und die Angst vor dem Leid bringt uns dazu, alles zu tun, um dies zu vermeiden. Auch Konkurrenzdenken und Karrierestreben sind ein Ausdruck von Angst. Alles, was mich das *Jetzt* nicht annehmen lässt, ist letztlich Ausdruck von Angst.

In einer biblischen Weisheitsgeschichte wird erzählt, wie ein Mensch das ihm anvertraute Geld in der Erde vergräbt, um zu verhindern, dass es wegkommt. Doch was man vergraben hat, das kann man nicht mehr sinnvoll verwenden. In der Geschichte geht es um »Talente« im Sinne einer damaligen Währungseinheit, aber im übertragenen Sinne um alles, was uns anvertraut und gegeben ist. Wie oft beschränken wir uns selbst und verstecken, was wir haben, weil wir Angst vor Kritik oder davor haben, dass man uns etwas wegnimmt? Auch unsere Talente, unsere Begabungen, unsere Sehnsucht, unsere wahre Bestimmung, die wir fühlen?

Je mehr wir uns nach außen orientieren, wo es etwas zu holen oder zu erhalten gibt, desto abhängiger werden wir von den Dingen, die wir erstreben oder besitzen. Und desto größer wird die Angst, alles wieder zu verlieren.

*

Zum Glück gibt es auch Menschen, die lieben, was ist. Und gerade diese Menschen sind es, die wohl die geringste Angst in sich tragen.

Es tut so gut zu wissen: Ich darf so sein, wie ich bin. Es braucht nicht mehr. Nach Höherem zu streben ist in Ordnung, aber es ist nicht die Garantie für Glück und Zufriedenheit. Im Gegenteil, ich muss mich ja auch fragen: »Was wäre denn der Preis für den nächsten Karriereschritt?« Eines ist klar: Mit dem Aufstieg in der Hierarchie eines Unternehmens wird der Druck in der Regel höher. Und ich muss vermutlich meine Position auch verteidigen, weil andere sie mir neiden und mir das Leben schwer machen.

Die sprichwörtliche *German Angst* wird jedenfalls ordentlich davon befeuert, dass wir uns mit materiellen Dingen identifizieren, deren Verlust wir dann ständig befürchten müssen. Wenn man dagegen sagen kann: »Ich habe genug, und ich muss niemandem etwas beweisen« – das entlastet die Seele. Solange ich genug zu essen, ein gemütliches, warmes Zuhause und eine liebevolle Partnerin oder einen Partner habe – was brauche ich dann mehr?

Wenn ich davon überzeugt bin, dass ich aus meinem Leben etwas machen kann, was Sinn hat, wenn ich weiß, wofür ich jeden Tag aufstehe – und wenn ich mir vielleicht sogar bewusst bin, dass ich so etwas wie eine Berufung habe, dann meistere ich fast jede Situation. Denn wenn ich mir meiner selbst, meiner Eigenschaften und Fähigkeiten, Talente und Erfahrungen bewusst bin, dann verspüre ich eine große Freiheit, zu entscheiden, was für mich gerade dran ist. Sollte ich an der einen Stelle scheitern, probiere ich es an einer anderen.

Über eine solche innere Freiheit spreche ich auch immer wieder mit den Mitarbeitenden meines Unternehmens. Ich möchte, dass sie diese Freiheit für sich selbst in Anspruch nehmen. Wenn ich ihnen sage: Wir tun alles dafür, dass ihr euch weiterentwickeln könnt und eure Stärken entfaltet – dann meine ich das genauso! Auch um den Preis, dass der Rahmen, den wir den Mitarbeitenden bieten können, vielleicht irgendwann als zu klein empfunden wird – und sie das Unternehmen deshalb verlassen. Ich freue mich natürlich über jede und jeden, der über viele Jahre hinweg treu und engagiert eine Aufgabe im Unternehmen übernimmt. Aber wenn ich möchte, dass sich Menschen weiterentwickeln, muss ich in Kauf nehmen, dass dies vielleicht nur an einem anderen Ort möglich ist. Es ist nicht mein Ziel, Abhängigkeiten zu schaffen. Viel wichtiger ist es, dass Menschen das bestmögliche Leben führen, das sie weitgehend nach ihren Vorstellungen gestalten können. Menschen zu stärken ist eine erfüllende Aufgabe. Und jede und jeder hat einen Wert für unsere Gemeinschaft. Wer sich weiterentwickelt und innerlich wächst, erlangt eine große Freiheit – jenseits aller Ängste.

11 // SPRING!

Als kleiner Junge, fünf oder sechs Jahre alt, stand ich im Schwimmbad oben auf dem Fünfmeterbrett und überlegte: Springe ich jetzt, oder springe ich nicht? Wieder einmal hatte ich vor meinen Freunden den Mund mächtig voll genommen und gesagt: »So, schaut mal, ich springe da jetzt gleich runter.« Und nun stand ich oben auf dem Sprungturm, lehnte an der metallenen Leiter und war wie gelähmt. Einmal war ich eben schon bis ganz vorne an die Spitze des schwankenden Brettes gelaufen, hatte kurz hinunter ins türkisblaue Schwimmbecken geschaut – und war dann wieder umgedreht.

»Das ist ganz schön hoch …«, dachte ich. Unten standen die Freunde, grinsten, lachten und riefen: »Nun mach schon! Spring!«

Schließlich habe ich mich überwunden, bin mit einem leisen Seufzer auf dem Sprungbrett noch einmal bis ganz nach vorne gelaufen und gesprungen. Es war einfach weniger schlimm, als sich dem Spott der anderen auszusetzen. Die Angst vor der Blamage hat mich quasi über die Schwelle der Angst getragen.

Es führt oft kein Weg an der Angst vorbei, sondern nur durch sie hindurch.

*

Manchmal haben wir das Gefühl, in Arbeit unterzugehen. Und wir bekommen große Angst, aus dem ganzen Schlamassel nie mehr rauszukommen. Wenn wir alles betrachten, was wir gerade – bildlich gesprochen – auf dem Zettel haben, wird uns schwindelig.

Drei Verhaltensweisen sind es, die einen sehr starken Einfluss darauf haben, ob wir innerlich ausbrennen. Erstens: dass wir uns selbst überfordern. Zweitens: dass wir uns von anderen oder einer bestimmten Aufgabe total vereinnahmen lassen. Und drittens: dass wir uns zu etwas hinreißen lassen, weil es uns allzu sehr verlockend erscheint. Die Quelle all dieser übrigens häufig unbewusst auftretenden Verhaltensweisen ist letztlich auch wieder Angst. Wir überfordern uns, weil wir befürchten, ansonsten unseren eigenen Ansprüchen oder denen der anderen nicht zu genügen. Hinter dem Sich-vereinnahmen-Lassen steckt die Angst, nicht geliebt zu werden. »Was, da willst du nicht mitmachen? Das finde ich ziemlich enttäuschend …«, sagt uns das Gegenüber und stimmt uns damit um, die vorsichtig formulierte Absage zu revidieren. Und die Angst, vielleicht nicht genug von etwas, was uns attraktiv erscheint, zu bekommen, führt dazu, dass wir uns zu etwas hinreißen lassen. Eine Aufgabe annehmen, die über unsere Kräfte geht, ein Projekt, das uns überfordert. Oder auch eine Beziehung, die uns schadet, weil wir damit andere enttäuschen oder verletzen.

Alle drei Verhaltensweisen führen zu Stress und letztlich in die totale Erschöpfung.

Drei Kernsätze helfen dabei, sich schädlicher Verhaltensweisen bewusst zu werden und kluge Entscheidungen zu treffen, die Leid vermeiden:

1. Auf dem Boden der Angst findet kein Wachstum statt.
2. Die Angst vor der eigenen Wahrheit ist das größte Hindernis auf unserem Weg der persönlichen Entwicklung.
3. Das gute Leben beginnt in genau dem Moment, in dem wir unser Handeln auf das Wohlsein unserer Mitmenschen ausrichten.

Als Mensch innerlich zu wachsen bedeutet in erster Linie, mir meines Daseins, meines Denkens, Fühlens und Handelns bewusst zu werden. Das ist die Basis für alles. Menschliches Wachstum manifestiert sich also vor allem im Grad meiner Bewusstheit. Wenn du alles, was du täglich erfährst, auch als Möglichkeit erkennst, den Grad deiner Bewusstheit zu erhöhen, wirst du keinen Grund mehr finden, dich über irgendetwas zu beschweren. Davon bin ich zutiefst überzeugt!

»Ja, ich will wachsen. Ich will mich weiterentwickeln! Und ja, ich werde alles, was mir das Leben beschert, als Möglichkeit nutzen, mich zu entwickeln und als Mensch zu wachsen« – ein solcher klar formulierter Entschluss bringt uns weiter.

Wenn wir die Entscheidung, menschlich wachsen zu wollen, nur halbherzig treffen, dann werden wir immer wieder in unsere alten Verhaltensmuster zurückgeworfen. Dann reicht der geringste Gegenwind, um uns auf unserem neu begonnenen Weg wieder zu stoppen. Wenn wir die Entscheidung, uns weiterentwickeln zu wollen, nicht aus voller Überzeugung treffen, haben wir schon verloren, bevor wir überhaupt begonnen haben.

Ich habe für mich ganz persönlich zwei Wege gefunden, mein Leben auf eine gute Art und Weise zu gestalten. Der eine Weg ist, wie eben bereits skizziert, die sogenannte vorweggenommene Entscheidung. Eine Grundsatzentscheidung, alles, was mir begegnet, auf eine bestimmte Art und Weise zu betrachten: jede Situation – und sei sie noch so schlimm – als Möglichkeit zu sehen, als Mensch daran zu wachsen. Das Leben hält immer mehrere Möglichkeiten bereit. Und ich habe für mich beschlossen: Egal, was mir passiert, ich versuche grundsätzlich, das Beste daraus zu machen.

Und ich habe beschlossen, auf das eine oder andere bewusst zu verzichten, mich zu beschränken. Denn das ist eine wichtige Voraussetzung dafür, gute Entscheidungen zu treffen. Auszusteigen aus der Spirale des »Schneller, höher, weiter!«. Das permanente »Habenwollen« treibt uns dazu, an Motiven festzuhalten, die unsere Vernunft ausschalten. Ohne Bescheidenheit, ein Sichzurücknehmen und das Einhalten eines vernünftigen Maßes wird es nicht funktionieren, ein gelingendes Leben zu führen.

Indem ich beispielsweise regelmäßig für eine Weile faste, wird der Kopf frei für Neues. Und ich bekomme Klarheit für meinen weiteren Weg. Das Thema Fasten spielt übrigens auch bei den Wüstenvätern, in der Regel des heiligen Benedikt, im Daoismus und an vielen anderen Stellen in der Weisheitslehre eine extrem wichtige Rolle.

ALLES UNTER KONTROLLE? UND DANN?

Es gab in meinem Leben eine Zeit, die vor allem leistungsorientiert und angstgeprägt war. Da war die Angst davor, dass es mir nicht gelingt, das Unternehmen, das ich leitete, in eine wirtschaftliche Unabhängigkeit zu führen und drohende finanzielle Verluste abzuwenden. Ich fürchtete mich davor, nicht alles mitzubekommen, was gerade ablief. Denn was ich nicht im Blick hätte, würde vielleicht aus dem Ruder laufen. Dazu kam die Angst, falsche Entscheidungen zu treffen. Entscheidungen, die dazu führen könnten, die Ziele nicht zu erreichen, die ich mir vorgenommen hatte.

All diesen Ängsten bin ich damals vor allem mit Planung und Kontrolle begegnet. Fast für jeden betrieblichen Ablauf gab es Handlungsanweisungen, Checklisten und Protokolle. Was erledigt war, musste abgehakt werden. Die Zeit, die für eine bestimmte Arbeit gebraucht wurde, musste notiert werden. Ich wollte die Mitarbeitenden dazu bringen, mir alles zu offenbaren, was im Unternehmen geschieht. Und ich wollte natürlich optimieren, was geht. Das war auch der Grund, weshalb ich ein Managementsystem installiert habe. Doch alle noch so gut geregelten Prozessabläufe und Checklisten haben nicht dazu geführt, dass es letztlich gut wurde.

Die Quelle der Kontrolle ist immer wieder Angst – sie beschränkt uns, macht Dinge kompliziert, führt zu hohem bürokratischem Aufwand. Die Mitarbeitenden haben damals natürlich gemerkt, wie wenig Vertrauen ich zu ihnen hatte – sonst hätte es ja all diese Maßnahmen, die ich angeordnet hatte, nicht gebraucht. Und das macht etwas mit den Menschen.

Sie fühlen sich schwach, sind nicht in ihrer Kraft. Mangelndes Vertrauen spiegelt geringe Wertschätzung, entsprechend schlecht ist die Leistung. Gleichzeitig steigt die Krankheitsquote und die Zahl der inneren Kündigungen.

Ein Unternehmer, der glaubt, seine Mitarbeiter kontrollieren zu müssen, wird deshalb nie so viel Erfolg haben wie einer, der seinen Mitarbeitern Gründe liefert, vertrauen zu können.

Das gesamte System von Zahlen, Daten und Fakten war vor allem darauf ausgerichtet, meiner persönlichen Angst etwas entgegenzusetzen. Und die Verhaltensmuster, die ich damals an den Tag gelegt habe, hatten ihren Ursprung in einer tiefen Furcht vor dem Versagen. All das kam nicht von ungefähr. Das Unternehmen war zu dieser Zeit abhängig von Banken, die Kredite gewährt und Zukäufe finanziert hatten. Aus dieser Abhängigkeit wollte ich mich befreien und bin deshalb in eine missliche Situation hineingeraten. Im Rückblick sehe ich vieles klarer. Damals war mir die Sicht verstellt. Und erst als ich das ganze System auf den Kopf gestellt und den Mitarbeitenden größtmögliche Freiheit und Vertrauen geschenkt habe, öffnete sich die Tür zu einem wunderbaren, neuen Miteinander.

*

Indem wir uns eine drohende Katastrophe und ihre Folgen in allen Details ausmalen, überkommt uns das Gefühl: *Da kommst du nicht mehr raus. Das war's.* Und wenn dieser Gedanke erst einmal in mir Fuß gefasst hat, befeuert er immer neue Schreckensszenarien von Scheitern, Krankheit und Tod …

So ist das mit der Kraft unserer Gedanken: Sie können uns motivieren, das scheinbar Unmögliche doch noch zu schaffen – oder eben auch das Gegenteil bewirken und uns noch viel stärker herunterziehen, als die aktuelle Situation es ohnehin schon tut.

Die Neigung, sich alle möglichen zukünftigen Worst-Case-Szenarien auszumalen, haben viele Menschen, obwohl das überhaupt keinen Sinn macht. Letztlich kommt es dann in der Regel nicht so schlimm, wie man es sich ausgemalt hat. Und selbst wenn, ändert man daran keinen Deut, indem man sich in immer neue Befürchtungen hineinsteigert und einer Entwicklung ohnmächtig ausgeliefert fühlt, die möglicherweise über einen hereinbrechen wird.

Eine realistische Befürchtung einmal (!) wirklich bis zum Ende zu durchdenken und zu einer Haltung zu finden, wie man damit umgehen will, wenn sie tatsächlich eintreffen sollte, kann hingegen helfen. Das ist jedenfalls meine Erfahrung.

Gute Angstprävention bedeutet, sich mit dem zu befassen, was ist – den Tatsachen –, und nicht mit dem, was sein könnte. Denn der Konjunktiv (»Was wäre, wenn …«) ist ein ganz wunderbarer Angsttreiber …

Meine Frau und ich hatten zum Beispiel zu Beginn der Pandemie das erste Mal in unserem Leben richtig große Angst, dass wir unser Haus verlieren würden. Die wirtschaftliche Lage des Unternehmens wurde von jetzt auf gleich dramatisch schlechter. Sofort kam ein Gedankenkarussell in

Gang, das sich immer schneller drehte. »Was wäre, wenn jetzt dieses oder jenes eintritt …? Wenn beispielsweise die Hotels monatelang geschlossen werden müssen und wir keinerlei Einnahmen bei gleichbleibenden Kosten haben? Irgendwann habe ich Claudia dann gefragt: »Was ist, wenn wir wirklich alles verlieren?« Sie antwortete: »Solange wir uns als Familie haben, irgendein Dach über dem Kopf, etwas zu essen und ein Fahrrad, um einkaufen zu fahren, ist für mich alles in Ordnung. Und selbst wenn es ganz schlimm kommt – dann wird wohl immer noch irgendetwas bleiben. Es wird weitergehen.« Mit dieser Aussage und dem damit verbundenen Bild von der Zukunft konnten wir beide ganz gut leben. Meine Angst wurde wieder auf Normalmaß heruntergeschrumpft. Indem wir diese Situation angenommen haben, wurde es einfacher. Statt weiterhin das Gefühl zu haben, dass ich wie ein Kaninchen in meinem Erdloch sitze und mich davor fürchte, dass mich der Fuchs holt, schaute ich der Angst ins Gesicht. Ein bisschen wie damals während der Entführung, als ich irgendwann den Gedanken akzeptierte: »Wenn ich jetzt sterbe, dann ist das so.« Jetzt konnte ich relativ gelassen sagen: »Wenn das Haus weg ist, dann ist das so. Was auch immer kommt, ich bin bereit.« Und plötzlich merkte ich, während ich mir dies sagte, wie ich wieder nach vorne schauen konnte. Dass Hilflosigkeit und Angst nicht mehr die vorherrschenden Gefühle waren.

Wir haben das Haus am Ende nicht verloren. Und wir haben die Zeit der Pandemie im Großen und Ganzen gut überstanden – das Unternehmen, die Mitarbeitenden und auch meine Familie.

ENGFÜHRUNG

Angst hat den gleichen Wortstamm wie »Enge«. Wenn wir das Gefühl haben, in die Enge gedrängt zu werden, und nicht mehr weiterkommen, stellt sich schnell Angst ein. Viele erleben auch Dunkelheit als Bedrohung. Auf dem Weg durch einen dunklen Keller oder eine nächtliche Straße schnürt ihnen die Angst fast die Kehle zu. Sie haben die Assoziation: Es wird eng für mich. Ich stecke in dieser beklemmenden Situation fest und komme nicht mehr raus.

Wie komme ich da wieder raus? Es ist gut, mich daran zu erinnern, dass ich schon viele, teilweise beängstigende Situationen im Leben gemeistert habe. An die Erfahrung, dass es dann doch im Endeffekt gut ausgegangen ist – denn sonst wäre ich nicht an der Stelle, an der ich gerade stehe. Ja, ich habe damals, als es schwierig war, etwas geschafft, ein Problem gelöst, mich behauptet und letztlich einen Weg aus der bedrohlich wirkenden Situation gefunden. Das kann jetzt auch wieder klappen! Also los!

So wie unser Körper durch das Einüben bestimmte Bewegungsmuster lernt, so folgen wir auch Wegen, die sich schon einmal als richtig und machbar erwiesen haben.

Sich an die Fähigkeiten, Eigenschaften und Umstände zu erinnern, die dazu geführt haben, dass es voranging, wird uns grundsätzlich immer stärken und guttun. Es ist eine Selbstvergewisserung, die uns Mut macht, auch die nächste Herausforderung hoffnungsvoll anzugehen und die Angst, die mich in diesem Moment hemmt und zurückhält, zu überwinden.

Eine Mitarbeiterin, Bettina, hat mich schwer beeindruckt. Sie hatte früher vor ganz vielen Dingen Angst, und irgendwann hat sie diese nach und nach überwunden, ist Fallschirm gesprungen, ist Motorrad gefahren. Alles Dinge, von denen sie vorher sagte: »Das mach ich niemals, da hab ich viel zu viel Angst davor.«

Wenn ich das Gefühl habe, ich stecke fest, muss ich durch die Angst hindurchgehen, nur so erschließt sich mir eine neue Welt. So wie wir aus der Enge und Dunkelheit des Geburtskanals den Weg ins Licht finden.

»Angst hat die Eigenschaft, sich auszubreiten und größer zu werden«, sagt der Neurobiologe Dr. Gerald Hüther. Und ja, das Gefühl kennen wir alle. Deshalb ist es die Aufgabe von Eltern, Erziehern und Lehrern, junge Menschen zu ermutigen, in ein für sie vertretbares Risiko zu gehen und innerlich daran zu wachsen. So wird ihr Selbstvertrauen gestärkt. Aber es geht nicht nur um die Ermutigung von Kindern, auch Erwachsene brauchen durchaus immer wieder jemanden, der ihnen den Rücken stärkt.

Wenn du weißt, wer hinter dir steht, ist es egal, was vor dir liegt. Das ist etwas sehr Elementares, das erlebe ich ganz häufig. Die jungen Mitarbeitenden meines Unternehmens, die mit mir zum Kilimandscharo oder nach Spitzbergen aufgebrochen sind, haben viel gewagt und sind durch das Erfolgserlebnis bestätigt worden. Ihr Selbstbewusstsein ist gewachsen, sie haben gelernt, dem Leben an sich und sich selbst zu vertrauen. Das Denken in Möglichkeiten, das Reflektieren der schon überwundenen Krisen und Ängste und die Ermutigung, die Selbstermutigung – all das klingt zusammen und führt dazu, dass das Leben gelingt. Das Vertrauen wird stärker als die Angst.

In dem Moment, wo ich das Risiko scheue, wächst die Angst. Es gibt Menschen, die haben zunächst Probleme damit gehabt, eine Reise zu wagen. Irgendwann gehen sie nicht mehr über das vertraute Stadtviertel hinaus, zuletzt verlassen sie noch nicht einmal mehr ihre Wohnung, weil sie Angst haben, dass etwas passieren könnte. Die Angst ist gefräßig. Geben wir ihr nach, wird sie im Anschluss daran erstarkt wiederkommen. Geben wir uns dem Vertrauen hin, wird es genauso sein. Das Vertrauen wird stärker. Natürlich habe ich immer wieder Angst, aber die Frage ist ja, beherrsche ich meine Angst oder meine Angst mich?

Wenn du einmal in dich gehst und reflektierst: »Wo und wann habe ich mich einmal überwunden, etwas zu tun, vor dem ich Angst hatte – und daraus ist letztlich Gutes entstanden«, dann öffnet sich oftmals für dich eine Tür.

12 // HOFFNUNG

Wenn ich ein tiefes Vertrauen in das Leben an sich und mein eigenes Dasein habe, es mit all meinen Stärken und Schwächen annehme, dann kann ich mit meinen Ängsten und Sorgen auf jeden Fall besser umgehen.

Man könnte auch denken, dass es wichtig wäre, sich von seinen Ängsten komplett zu befreien. Aber einerseits wird dies ohnehin nicht funktionieren, weil die Schatten zu unserem Leben dazugehören. Und andererseits ist der Gedanke, sich von seinen Ängsten befreien zu müssen, natürlich ein weiterer Angsttreiber – eben weil wir merken, dass es nicht funktioniert, und uns dann vor den Konsequenzen unseres vermeintlichen Versagens fürchten (nach dem Motto: Wo wird das hinführen, wenn ich es nicht schaffe, die Angst endlich zu überwinden). Vermeiden und verdrängen hilft also nicht. Vielmehr geht es darum, mit unseren Ängsten und Sorgen auf eine vernünftige Weise umzugehen. Sie rechtzeitig in die Schranken zu weisen, wenn sie sich unverhältnismäßig ausbreiten wollen – und sich nicht von ihnen beherrschen zu lassen.

Auch ich habe Angst, nicht selten sogar, dazu stehe ich. Aber ich habe mir vorgenommen, vor der Angst keine Angst mehr zu haben. Soll sie sich doch melden! Ich weiß, wie ich damit umgehen kann. Das ist ein erster Schritt auf dem Weg in die Freiheit. Und es hilft auch, sich immer wieder einmal zu sagen, wie gut die Angst ganz grundsätzlich ist, weil sie von Natur aus vorgesehen ist, um uns zu schützen ... All das habe ich nicht nur gedanklich durchgespielt, sondern auch persönlich erfahren. Doch von Zeit zu Zeit falle ich dennoch in alte Muster zurück...

Über Jahre hinweg hatte ich mich nicht nur mit meinen Ängsten, sondern auch mit dem Thema »Was ist mir in meinem Leben wirklich wichtig?« beschäftigt. Und ich war fest davon überzeugt, in meiner Entwicklung so weit gekommen zu sein, dass ich innerlich frei davon war, mein Glück an Besitz oder anderen äußeren Dingen wie Lob, Anerkennung oder Aufmerksamkeit festzumachen.

Aber die Praxis lehrte mich in dem Moment, als es tatsächlich eng wurde, etwas ganz anderes. Davon habe ich im letzten Kapitel erzählt. Der Gedanke, das Haus zu verlieren, das meiner Familie Halt und Schutz, einen Raum der Geborgenheit bietet, war so verheerend, dass mir davon schwindelig wurde. Ich fühlte mich plötzlich ganz klein und hilflos. Das Gedankenkino wollte nicht enden, als ich mir die Situation ausmalte, in die meine Familie und ich gerade hineingerieten. Ein endloser Strudel von Schreckensvorstellungen ... und eine zerstörerische Wahrnehmung! Dabei gab es ja durchaus noch Handlungsoptionen, die wir dann auch erfolgreich genutzt haben.

Ob ich daraus gelernt habe? Ob mir so etwas nicht noch einmal passiert? Ich will es hoffen! Auf jeden Fall versuche ich mich daran zu erinnern, wie Claudia und ich den Ausweg aus dem emotionalen Tief und der um sich greifenden Angst gefunden haben, wenn es wieder einmal in meinem Leben »dicke kommt«.

Grundsätzlich gilt: Wer ein *Wofür* hat, erträgt fast jedes *Wie.* Das *Wofür* benennen zu können, ist die Voraussetzung dafür, dass wir dazu bereit sind, auf eine Zukunft zu hoffen. Verantwortung übernehmen bedeutet, Antworten zu finden auf die Fragen, die mir die aktuelle Lebenssituation stellt. Dass wir unsere Angst oder Unlust überwinden, uns aus der Starre befreien, in die wir verfallen sind, weil alles gerade so schrecklich düster aussieht. Betrauern ist wichtig. Aber wir müssen uns irgendwann vom Trauern verabschieden und ins Handeln kommen. Dies geschieht, wenn der Sinn, den wir in unserem Dasein sehen, größer ist als die Angst davor, etwas zu tun, oder die Unlust. Wenn wir das, was wir tun, als sinnvoll und notwendig empfinden, werden wir uns überwinden und schier Unglaubliches vollbringen. Dafür gibt es in der Geschichte der Menschheit zahllose Beispiele.

Die Frage »Was brauchen wir wirklich zum Leben?« führt uns auf die richtige Spur. Ebenso wie die Frage: »Was ist genug?« Epiktet, Marc Aurel und Seneca, viele große Denker und Philosophen der Antike und auch gelehrte Menschen unserer Zeit haben in ihren Reden und Schriften immer wieder dieses Thema umkreist. Es geht um das gelingende Leben jenseits äußerer Faktoren. Und es ist gut, sich immer wieder klarzumachen: Auf alles Äußerliche, auch auf die Welt, die mich umgibt, habe ich letztlich keinen oder nur einen sehr begrenzten Einfluss. Und ja, alles, was ich im Laufe meines Lebens an Besitz anhäufe und als »sicher betrachte«, kann mir genommen werden.

Indem ich mich frage, was ich unbedingt brauche, kann ich zu einer neuen Gelassenheit finden. Denn ich werde merken: Es ist gar nicht so viel, was wirklich zum Leben nötig ist. Das meiste, was ich zu Hause habe, brauche ich nicht zwingend. Es geht auch ohne.

Das können wir in besonderer Weise erleben, wenn wir längere Zeit zu Fuß unterwegs sind und alles Notwendige im Rucksack mit uns tragen: ein Zelt, einen Schlafsack und eine Isomatte, Kleidung zum Wechseln, eine Regenjacke, einen Kocher, einen Topf, einen Teller, Besteck und Verpflegung. Eine einfache, warme Suppe wird zum Festmahl, unsere frisch gewaschene Kleidung trocknen wir im Geäst eines Baumes, und der abendliche Sternenhimmel entschädigt für alle Strapazen des Tages. Wir gehören zu den glücklichsten Menschen der Welt, weil wir erfahren, wie wenig es braucht, um zufrieden zu sein. Gerade auf meinen Touren mit den jungen Menschen, als wir zusammen auf dem Weg zum Kilimandscharo oder zu einem der höchsten Gletschergipfel Spitzbergens waren, habe ich dies immer wieder gespürt.

Sich beschränken, das verändert den Fokus. Wenn du beispielsweise nur einen Speicherchip und einen Akku mit auf eine Tour nimmst, fotografierst du viel bewusster, weil du weißt, dass deine Ressourcen endlich sind. Und du nimmst wahrscheinlich viel mehr wahr, weil du nicht permanent damit beschäftigt bist, was du alles fotografieren könntest.

In dem Moment, wo wir versuchen, alles festzuhalten, was schön ist, verpassen wir so viel! Du siehst die Welt nur durch den Sucher, du nimmst sie nur bruchstückweise wahr. Und du machst beliebig viele Bilder, um zu sehen, welches am Ende die wirklich perfekte Aufnahme ist. Ganz anders ist es, wenn wir uns beim Anblick eines wunderbaren Abendrots vornehmen: »Diesen Moment möchte ich in vollen Zügen auskosten – und zukünftig in meinem Herzen tragen.« Dann werden wir nicht vergessen, welches positive Gefühl wir dabei hatten. Und was du auf diese Weise angesehen hast, verinnerlichst du – ob mit oder ohne Erinnerungsfoto.

Das Leben findet statt, während wir dabei sind, es zu verplanen. Und es rinnt uns durch die Hände, während wir versuchen, alles zu sichern. Weil wir das Gefühl haben: Es darf sich ja nichts verändern! Und es muss auf jeden Fall so bleiben.

Wir neigen dazu, die Momente des Glücks festhalten zu wollen, einfach weil sie so schön sind. Aber das wird uns nicht gelingen! Das Glück des Augenblicks bleibt flüchtig! Für sich selbst anzunehmen, dass nichts so bleibt, wie es ist, und das innerlich loslassen, an dem wir klammern – das ist Freiheit!

DIE ANGSTBRILLE WILL ICH MIR GAR NICHT MEHR AUFSETZEN

Um etwas anzugehen, muss ich mich oft überwinden, das braucht viel Energie. Mut brauche ich immer dann, wenn ich kein Vertrauen habe. Doch ich kann nicht darüber verfügen, dass Vertrauen entsteht. Vertrauen lässt sich von anderen Menschen auch niemals einfordern. Ich kann nicht zu jemandem sagen: »So, jetzt vertraust du mir gefälligst sofort.« Vertrauen entsteht, indem ich mich dessen würdig erweise, es braucht Zeit. Vertrauen ist das Gegenstück zur Angst.

Die Angstbrille will ich mir gar nicht mehr aufsetzen.

Stattdessen will ich aus dem Bewusstsein innerer Freiheit heraus möglichst klare und gute Entscheidungen treffen.

Hinter der Unfähigkeit, Entscheidungen zu treffen, steckt nicht selten die Angst davor, zu kurz zu kommen.

Ja, es wird in meinem Leben wohl immer wieder scheinbar ausweglose Situationen geben, die eine totale Enge in der Brust erzeugen. Wenn ich merke: »Ich bekomme es nicht hin, das ist nach menschlichem Ermessen nicht machbar – ich sehe jedenfalls keinen Weg.« Dann hoffe ich, dass es jedes Mal ein bisschen weniger lange dauert, bis ich die sofort einsetzende Grübelspirale aufhalten kann und es schaffe, die Situation anzunehmen, wie sie ist. Ja, es ist möglich, dass ich trotz allem Bemühen letztlich scheitere. Aber ich kann es jetzt nicht ändern. Das, worauf ich keinen Einfluss habe, muss ich stehen lassen.

Und es gilt, eine wesentliche Erkenntnis festzuhalten: Die angstvollen Situationen sind gute Lehrmeister für das Leben. Ohne die Angst, die ich während meiner Entführung durchlitten habe, wäre ich heute ein anderer.

Sehen, was ist, und sich darauf einlassen – so beginnt Veränderung. In eine Angststarre zu verfallen hilft nicht. Etwas zu erkennen, es anerkennen und sich zur Entwicklung bekennen – das ist die Voraussetzung für Veränderung.

Es ist wichtig, aus dem Gefühl der Ohnmacht zurück zur Selbstermächtigung zu finden. Festzustellen: Du selbst hast es in der Hand, dich aus dem, was dich umklammert, zu lösen und wieder in Bewegung zu kommen.

So war es auch während der Pandemie in unserem Unternehmen: Ich habe den Mitarbeiterinnen und Mitarbeitern die Situation aufgezeigt und erklärt, wie wir uns als Unternehmen darauf einstellen. Wir haben gemeinsam akzeptieren können, dass es nun so ist, wie es ist, und wir zwar an der Situation selbst nichts ändern können – aber dass wir unsere Haltung und unseren Umgang damit sehr wohl selbst wählen können. Und dann hat jeder Einzelne aus sich heraus eine Entscheidung getroffen, wie diese Haltung aussehen soll.

Nach den ersten Schreckensmomenten zu Beginn der Pandemie und vielen Wochen der Ungewissheit gelang es meinem Team und mir zunehmend besser, klug mit all den Herausforderungen und der ganzen Situation umzugehen. Wir suchten Lösungen, ergriffen Maßnahmen und trafen miteinander sinnvolle Entscheidungen. Zum Glück haben die Mitarbeiterinnen und Mitarbeiter unseres Unternehmens bei all den notwendigen Veränderungen wunderbar mitgemacht. Gemeinsam haben wir die Krise gemeistert.

Es ist immer die entscheidende Frage, woran ich mich orientiere. Hänge ich mich mit meiner Angst an die Informationen, die im Außen entstehen, wie beispielsweise eine Inzidenzzahl? Oder vertraue ich auf die Grundannahme, dass es am Ende trotz allem gut ausgehen wird? Vertrauen ist dem Wunsch nach Kontrolle immer überlegen.

Und es ist ein großer Unterschied, ob ich Menschen zu etwas antreibe oder sie etwas selbst erreichen wollen. Bei uns im Unternehmen gab es in der krisenhaften Zeit keine Durchhalteparolen. Stattdessen habe ich gesagt: »Liebe Leute, ich weiß nicht, was noch alles passieren wird. Das Coronavirus lässt sich momentan nicht aufhalten. Wir schließen deshalb unsere Hotels so schnell und so kräfteschonend wie möglich, und dann heißt es abwarten.« Mehr musste ich dann auch gar nicht mehr sagen. Jedem wurde klar, was jetzt als Nächstes zu tun ist und was er oder sie dazu beitragen kann, dass es gelingt.

DIE KRAFT INNERER BILDER

Wenn ich Musik höre, entsteht schnell ein inneres Bild, ein gutes oder ein schlechtes Gefühl, ich kann es nicht steuern. Wenn ich einen Geruch wahrnehme, ist es das Gleiche. Ich rieche oder sehe etwas, und es entstehen direkt Emotionen, ob ich will oder nicht. Unser Unterbewusstsein arbeitet mit solchen inneren Bildern. Sie entstehen aus Wissen und Gefühlen, sprich Erfahrung. Alte innere Bilder kann ich auch mit neuen Erfahrungen »überschreiben«. Wir sagen: »Mir ist etwas bewusst geworden«, und sprechen dabei natürlich von neuen inneren Bildern. Durch Wissen allein entsteht nichts. Wenn wir Menschen dazu bewegen wollen, miteinander eine große Aufgabe anzugehen, braucht es starke Bilder und Impulse. Antoine de Saint-Exupéry sagt: »Wenn du ein Schiff bauen willst, dann trommle nicht Männer zusammen, um Holz zu beschaffen, Aufgaben zu vergeben und die Arbeit einzuteilen, sondern lehre die Männer die Sehnsucht nach dem weiten, endlosen Meer.«

Die Kraft von Bildern ist nicht zu unterschätzen. Es gibt Menschen, die sich in Situationen der Angst an einem Bild unglaublich gut festhalten können. Es gibt ein Buch von

Henri Nouwen mit dem Titel »Nimm sein Bild in dein Herz«. Das Buch dreht sich um das Gemälde »Die Rückkehr des verlorenen Sohnes« von Rembrandt und die gleichnamige biblische Geschichte. Es ist ein wunderschöner Moment, wenn der Vater seinen Sohn liebevoll in die Arme schließt, nachdem dieser sein ganzes Leben vor die Wand gefahren hat.

Die Betrachtung des Bildes wurde für Henri Nouwen zu einem Schlüssel. Immer wieder führte er sich die Szene vor Augen, wenn ihn Selbstzweifel, Angst oder Schuldgefühle niederdrücken wollten. Das Bild wurde zu einem Ankerpunkt für seine Seele, weil er sich bei der Betrachtung daran erinnerte, dass Gott ihn bedingungslos liebt und in die Arme schließt – wie der Vater den Sohn. Dass er tatsächlich nie tiefer fallen konnte als in Gottes Hand.

Ich habe für mich selbst einige solcher inneren Ankerbilder gefunden, die ich mir in schwierigen Zeiten vor Augen male. Eins davon ist das Bild, wie ich mit siebzig Jahren in meinem Ohrensessel sitze, die Enkelkinder auf meinem Schoß habe und ihnen die Geschichte vom glücklichen Menschen erzähle.

Ich weiß, dass ich niemanden glücklich machen kann, aber jeden Tag habe ich die Chance dazu, Menschen zu ermutigen, einzuladen oder zu inspirieren, für sich einen Weg ins Glück zu finden. Jeder Tag und jede Begegnung tragen die Hoffnung in sich, dass wieder eine dieser Geschichten daraus entsteht, die ich später meinen Enkelkindern auf dem Ohrensessel erzählen darf. Das ist mein Hoffnungsbild.

DAS WESENTLICHE LÄSST SICH NUR EMPFANGEN UND NIEMALS ERZWINGEN

Wir brauchen die Hoffnung, dass es gut wird. Dass in jeder Begegnung, in jedem neuen Tag, in jedem Anfang etwas liegt, das dazu beiträgt, dass das Leben gelingen und schön werden kann.

Manche Menschen versuchen, der Hoffnung die Kontrolle entgegenzusetzen, und berauben sich der Lebendigkeit, indem sie alles vorausplanen und verfügbar machen wollen.

Das Abc der Freiheit durchzubuchstabieren ist hilfreich: Das Wesentliche lässt sich nur empfangen und niemals erzwingen. Wenn ich versuche, mir etwas mit Druck anzueignen und mein Glück im Materiellen suche, ist das ein Irrweg.

Von einem großen Besitz erwarten wir uns Ruhe und Zufriedenheit. Doch noch so viel Besitz kann uns dies nicht schenken. Im Gegenteil: Je mehr ich besitze, desto größer die Angst, es zu verlieren. Und wenn wir Angst davor haben, etwas zu verlieren, verlieren wir auch unsere Ruhe, Zufriedenheit und den Einklang mit uns selbst.

Wann fällt es uns schwerer zu gehen? Wenn wir viel oder wenig zurücklassen müssen?

Gelassenheit beginnt dort, wo ich ganz im Jetzt lebe – nicht ständig mit dem Kopf in der Vergangenheit bin, den verpassten Chancen nachtrauere – und nicht permanent in die Zukunft plane, wie schön alles werden könnte, wenn …

Denke an die Situation einer Sportlerin oder eines Sportlers, die mit der Hoffnung, einen Wettkampf zu gewinnen, den Platz betreten. Ihnen ist dabei durchaus bewusst, dass niemand darüber verfügen kann, wie das Ergebnis am Ende aussieht. Und doch tun sie, was ihnen jetzt in diesem Moment möglich ist: Sie geben ihr Bestes. Und sie hoffen auf den Erfolg.

Sicherlich gab und gibt es in deinem Leben auch Situationen, in denen du auf ein bestimmtes Ergebnis oder etwas anderes gehofft hast, das eintreten soll.

Wir haben die Hoffnung, dass etwas geschieht, strengen uns an, tun alles dafür, aber ob es tatsächlich geschieht, liegt nicht in unserer Hand. Letztendlich macht das auch den Reiz des Lebens aus. Die Hoffnung, gepaart mit dem Erstaunen in dem Moment, wo das Erhoffte eintritt, ist es, was das Leben lebenswert macht.

Im Matthäusevangelium heißt es: »Wenn ihr nicht werdet wie die Kinder, werdet ihr nicht ins Himmelreich kommen …« (Mt 18,3). Ein wunderbares Bild für ein staunendes Leben: die Welt mit den Augen eines Kindes zu betrachten, staunend, neugierig, offen.

In jedem Augenblick liegt die freudige Hoffnung, dass daraus etwas Gutes entsteht.

Welche Hoffnungen hast du für das kommende Jahr? Sei dir bewusst, dass du nicht darüber verfügen kannst, was tatsächlich als Ergebnis all deiner Anstrengungen eintritt, aber beginne jedes Jahr, jeden Monat, jeden neuen Tag mit dieser Hoffnung, die dich antreibt.

13 // WAHRNEHMEN, WAS IST

Spannend: Wenn wir eine Bedrohung nicht bemerken, stellt sich auch keine Angst ein. Jemand, der nicht weiß, dass ein anderer versucht, ihm gerade eine Falle zu stellen, geht weitgehend sorglos seinen Weg. Und das ist auch gut so. Denn wie schlimm wäre es, wenn wir uns permanent vor etwas fürchten müssten. Das ist nicht zum Aushalten. Aber was bewirkt, dass uns etwas Bestimmtes bewusst wird und anderes nicht? Manche sagen irgendwann: »Plötzlich ist es mir wie Schuppen von den Augen gefallen«, oder: »Ich bin ja jahrelang blind gewesen. Ich hätte es wissen können.« Oft ist es ein Schlüsselerlebnis, was plötzlich zu einer Erkenntnis führt. Dieser Moment, in dem mir etwas klar wird. Wenn wir über Ängste und den Umgang damit sprechen, geht es auch immer wieder um das Thema Bewusstheit. Bin ich mir der Einflüsse bewusst, denen ich mich aussetze? Oder dessen, was gerade wirklich geschieht?

»Glaube nicht alles, was du denkst« – das ist ein Ankersatz für mich, daran halte ich mich, gerade dann, wenn es wieder einmal schwierig ist oder ich nicht so recht weiß, was ich von einer bestimmten Situation halten soll. Menschen nehmen die Wirklichkeit unterschiedlich wahr. Wenn man zwei Leute fragt, wie sie die gleiche Situation erlebt haben, wird man häufig zwei völlig konträre Berichte erhalten. Und häufig sind die Dinge auch nicht so, wie sie auf den ersten Blick scheinen. Zwei Beispiele: Bei strahlendem Sonnenschein sind wir im Urlaub in einer herrlichen Landschaft unterwegs, es ist geradezu paradiesisch schön. Wir fühlen uns wunderbar, und die Welt ist für uns in bester Ordnung! Doch dann erfahren wir den Grund, weshalb wir auf unserem Weg keinen einzigen Vogel gesehen und gehört haben: Ein Einheimischer erzählt uns, dass der fortschreitende Klimawandel für das Insektensterben mitverantwortlich ist, das im vergangenen Jahr eingesetzt hat. In dieser Gegend nisten kaum noch Vögel, weil die Insekten fehlen, von denen sie sich ernähren. Und es ist vermutlich nur noch eine Frage der Zeit, bis auch die Pflanzenwelt Probleme bekommt, denn ohne Insekten und Vögel werden einige Arten gar nicht mehr bestäubt. Wenn das so bleibt, wird das gesamte momentan herrlich grüne Tal irgendwann in absehbarer Zukunft eine Trockenlandschaft sein. Eine Wüste. Die nahende Bedrohung ist auf den ersten Blick nicht wahrnehmbar – und doch längst Realität. Der Schein trügt!

Ein anderes Mal sind wir abends auf dem Weg durch eine dunkle Straße in unserer Heimatstadt und fürchten uns. Lange Schatten an einer Mauer suggerieren, dass dort das Böse lauert. Ein schepperndes Geräusch lässt uns schneller gehen, um der bedrohlichen Situation zu entkommen. Wir haben den Eindruck, dass uns jemand folgt – uns wird heiß und kalt zugleich. Ein paar Schritte weiter entdecken wir, dass der Wind eine leere Blechdose vor sich hertreibt. Uff, keine Gefahr.

Zwei ganz unterschiedliche Szenen aus dem Alltag, die gleiche Erkenntnis: Vieles ist nicht so, wie es auf den ersten Blick zu sein scheint. Wir nehmen etwas wahr, was wir falsch interpretieren. Die vermeintliche Idylle ist eigentlich keine – und die bedrohlich wirkende Situation auf der Straße verliert ihren Schrecken, wenn wir merken, dass uns unsere Sinne einen Streich gespielt haben.

Wir fürchten uns vor Bildern und Eindrücken, die wir abgespeichert haben, und wenn wir uns an diese erinnert fühlen, kommen auch die Ängste mit hoch. Und wir neigen in bestimmten Lebenslagen – besonders in der Dunkelheit, wenn wir nicht viel sehen oder wenn wir allein sind – dazu, das Schlimmste zu befürchten.

Der Autor Ralf Husmann bringt es auf den Punkt, wenn er die von ihm geschaffene Figur »Bernd Stromberg« in der gleichnamigen Serie sagen lässt: »Wenn ein Wolf im Wald einen Wolf trifft, denkt er sich: ›Oh, ein Wolf.‹ Wenn ein Mensch im Wald einen Menschen trifft, denkt er: ›Oh, ein Mörder.‹«

Was wir fühlen und denken, ist oft kein Abbild der Realität, sondern eine Interpretation auf Basis unserer bislang gemachten und abgespeicherten Lebenserfahrungen. Wir erkennen bestimmte Muster und deuten sie so, wie es in das Bild zu passen scheint, das wir uns gemacht haben. Die negativen Erfahrungen, die wir in unserem Leben bereits machen mussten, schwingen immer mit und verhindern, dass wir im besten Sinne frei agieren können. So interpretieren wir, wenn wir einem Menschen begegnen, ganz automatisch dessen Haltung, den Blick, die Festigkeit des Händedrucks und manches mehr – und nehmen diesen Menschen gar nicht mehr in seiner Individualität wahr, weil wir bereits ganz unbewusst dabei sind, innere Schubladen zu öffnen und zu schließen.

Das, was wir erleben, ist bis auf die wenigsten Ausnahmen nicht der Grund für unsere Angst, sondern nur der Auslöser.

Unsere eigene Geschichte spielt uns dabei so manchen Streich. Denn wer ein bestimmtes Denkmuster als Erfahrungsschatz abgespeichert hat und in diesem »einrastet«, schaut nicht mehr in die Tiefe dessen, was eigentlich ist. Lust und Unlust sind dabei keine guten Ratgeber. Es geht darum, dies zu erkennen und sich dann davon frei zu machen. Zu wissen, dass ich selbst am Steuer meines Lebens sitze und nicht meine Stimmungen – dass sie mich nicht auf den Beifahrersitz abschieben dürfen.

Es gibt durchaus viele Bilder des Schreckens. Wut ist bei mir beispielsweise als Gefühl wie eine tiefviolette Wolke verankert, die sich langsam aus dem Inneren heraus zu meinem Solarplexus hochschraubt.

Woher stammen die inneren Bilder, die wir mit bestimmten Begriffen verbinden? Und weshalb meiden wir bestimmte Situationen? Diesen und ähnlichen Fragen nachzugehen ist spannend. Denn wenn wir bewusst wahrnehmen, was uns zurückhält oder umtreibt, können wir damit zukünftig vermutlich besser umgehen. Auch hier zwei Beispiele: Wir betreten einen dunklen Raum und fühlen Beklemmungen, weil wir uns einmal bei einem Schulausflug vor drei Jahrzehnten in einem schattigen Labyrinth-Garten kurz vor Einbruch der Dunkelheit total verirrt hatten und auf einmal riesige Angst bekamen, nicht wieder herauszufinden.

Oder jemand schwärmt vom Motorradfahren, und wir spüren dabei innerlich eine tiefe Enttäuschung, weil dies für uns der Inbegriff von Freiheit ist, die uns durch ein elterliches Verbot (»Viel zu gefährlich – du machst auf keinen Fall einen Motorradführerschein«) verweigert wurde. Es gibt natürlich auch total positive Trigger, Bilder, die uns auf eine bestimmte Fährte locken … Oftmals benutzt die Werbung solche Bilder, um uns etwas zu verkaufen: das Bild einer Gemeinschaft am Lagerfeuer, eine Familie am reich gedeckten Frühstückstisch, wilde Pferde in weiter Landschaft, der Wind, der die Segel eines Bootes füllt. Da möchte man direkt dabei sein. Ein und derselbe Begriff erzeugt ganz unterschiedliche Resonanzen – positiv oder negativ. Die Ursache für mein Empfinden liegt in mir. Sie hat zu tun mit meinen Erfahrungen, die Assoziationen auslösen. Die Welt, in der wir leben, ist vor allem eins: eine Projektionsfläche für das, wie es in uns aussieht.

Es ist eine Frage des Bewusstseins. Vielleicht droht dir auch schon die ganze Zeit über eine schreckliche Gefahr, aber du weißt es nicht. Du nimmst sie nicht wahr, weil du in die falsche Richtung schaust. Oder weil dir nicht bewusst ist, wie nah das Ganze schon ist.

»SEHFÄHIGKEIT«

Das Bewusstsein hat mit der »Sehfähigkeit« des Beobachters oder Nutzers zu tun. Philosophen, Psychologinnen, Biologinnen und Soziologen betrachten das Bewusstsein unterschiedlich. Ist Bewusstsein ein Synonym für »wach sein«, oder steht es für die Aufmerksamkeit? Bewusstsein ist gleichbedeutend mit geistigem Erleben. Aber was ist das? Und wie entsteht Bewusstsein?

Wenn wir draußen vor unserer Wohnung einen lauten Knall hören, denken die einen an einen Unfall, andere vielleicht sogar an eine Bombe, die gerade explodiert ist, weil sie in den letzten Tagen viel über mögliche Anschläge gehört oder gelesen haben. Wieder andere denken an die Fehlzündung eines Motorrades, weil sie das in ihrer Jugend oft erlebt haben. Und wieder andere haben den Knall gar nicht mitbekommen, weil sie grundsätzlich schlecht hören oder abgelenkt werden. Manch einer hört es vielleicht akustisch, aber es dringt gar nicht bis zu seinem Bewusstsein vor.

Letztlich kommt es darauf an, welche Vorkenntnisse und Erfahrungen wir haben, auf deren Basis wir irgendwelche Informationen interpretieren.

Je unbewusster wir uns des eigenen Seins sind, desto, ja, fruchtbarer ist der Boden, auf dem die Angst wächst. Und wir müssen zwischen Bewusstsein und Wissen differenzieren. Auf der einen Seite hilft Wissen um die Hintergründe dabei, eine bestimmte Situation, die uns auf den ersten Blick vielleicht dubios oder bedrohlich erscheint, richtig einzuschätzen. Aber ein größeres Wissen kann durchaus auch zu mehr Angst führen.

Das Bewusstsein darüber, was die Quellen der Angst sind, und die Antworten auf die Fragen, worüber ich verfügen kann und worüber nicht, helfen uns. Auch bei einem vernünftigen Umgang mit Widerständen, die oft unweigerlich kommen.

Das Bewusstsein, dass die Angst unsere Mitmenschen oft dazu antreibt, mit großer Härte gegen sich und andere vorzugehen, hilft uns dabei, unsere eigenen Aggressionen in Mitgefühl zu verwandeln.

BEFASSE DICH GAR NICHT ERST MIT DEM, WORÜBER DU NICHT VERFÜGEN KANNST

In dem Moment, wo wir ein gelingendes Leben an die Realisierung von Träumen binden, ist die Angst vorprogrammiert, dass dies am Ende schiefgehen kann. Dass sich die Träume nicht verwirklichen lassen. Wenn wir uns in die Welt der Vorstellungen flüchten, ist schon der Boden für die Ernüchterung bereitet. Denn wir werden immer dem Unverfügbaren ausgesetzt sein. Es geht darum zu lernen, damit umzugehen. Die innere Gelassenheit und Zufriedenheit jenseits äußerer Faktoren zu bewahren. Ich ganz allein kann darüber verfügen, mich von bestimmten Ängsten frei zu machen. Verantwortung zu übernehmen und eben nicht so sehr auf die anderen zu schauen, darum geht es. Die Fähigkeit, das Leben zu nehmen, wie es kommt, das ist die Voraussetzung, die wir heute brauchen, um in all den Wirrnissen unserer Zeit dennoch glücklich sein zu können.

Der Stoizismus ist eine philosophische Lehre, die den Verstand als Mittel gegen die Leiden des Lebens begreift, ungeachtet der Lebensumstände. Gelassenheit und Gleichmut, Seelenruhe und Unerschütterlichkeit sind Kennzeichen der antiken Philosophie. Die Stoiker sagen ganz klar: Befasse dich gar nicht erst mit dem, worüber du nicht verfügen kannst. Sei du selbst die Veränderung, die du dir für diese Welt wünschst.

Es geht darum, sich auf das zu fokussieren, worüber du verfügen kannst: deine Einstellung, dein Verhalten, deine Entscheidungen. Bei allen anderen Dingen geht es darum, damit zu leben.

Mit meinen Gedanken und inneren Schubladen auf eine gute Art und Weise umzugehen, das habe ich bei meinen vielen Aufenthalten im Kloster gelernt. Pater Anselm Grün war ein hervorragender Lehrmeister für mich. Er hat sich Zeit für unsere Gespräche genommen und mir dabei manche Tür zu einer neuen Erkenntnis geöffnet. Später haben wir gemeinsam auch Seminare im Kloster geleitet. Eine Übung, die Pater Anselm angeleitet hat, ist mir eindrücklich in Erinnerung geblieben: Zuerst sollten sich alle Teilnehmer paarweise aufstellen. Eine(r) hat seine Augen geschlossen, die oder der andere ist langsam im Kreis gegangen und hat ihn oder sie von allen vier Seiten angeschaut. Von vorne, von der Seite, von hinten – von oben bis unten. Dabei sollte man sich einprägen, was einem auffiel. Die Haltung der Arme, ob die Person fest mit beiden Beinen auf dem Boden stand oder nicht; ob sie sich vielleicht leicht nach vorne beugte. Und ob sie den Kopf aufrecht hielt. Es gab viel zu beobachten. So genau schaut man ja sonst nie hin, allein weil es peinlich sein kann, jemanden derart lange anzuschauen. Jedenfalls war es eine ganz starke Übung, um den Menschen so zu sehen, wie er wirklich ist – und nicht, wie wir glauben, dass er zu sein scheint.

Früher habe ich manchmal bei Begegnungen mit anderen Menschen gedacht: »Mit dem kann ich bestimmt nicht, der ist so arrogant, so von sich selbst überzeugt, so eingebildet ...« – und dann hatte ich schon gar keine Lust mehr, ein Gespräch zu beginnen. Heute versuche ich, solchen Gedanken und Emotionen erst einmal keinen Raum zu lassen und meinem Gegenüber mit größtmöglicher Offenheit zu begegnen. Das ist nicht immer leicht, aber es gelingt mir zunehmend besser. Denn der erste Eindruck trügt manchmal, das habe ich gelernt.

Oftmals sind es Kleinigkeiten, die unsere Emotionen triggern. Wir sprechen davon, dass uns »die Nase des anderen nicht gefällt« oder dass wir »jemanden nicht riechen können«. Da ist natürlich etwas dran. Aber der andere ist so viel mehr als sein Aussehen oder sein Geruch. »Hinter der rauen Schale verbirgt sich ein weicher Kern«, so etwas sagen wir dann manchmal, wenn wir tiefer geschaut haben.

Kannst du dir vorstellen, dass auch andere Menschen nur der Auslöser für das Empfinden sind, das in dir entsteht, wenn du ihnen begegnest? Sie sind nicht die Ursache dafür, dass du negative Empfindungen hast – sondern quasi nur ein Trigger.

Vielleicht erinnert dich die Stimmlage deines Gegenübers an eine bestimmte Situation in deinem Leben, die total negativ besetzt ist. Eine Trennung, ein Verlustschmerz, tiefe Scham. Oder es liegt ein Geruch in der Luft, der dich an deinen Vater, deine Mutter erinnert, die dir oft abweisend begegnet sind. Oder es ist der Geschmack eines Gerichtes, das du zutiefst verabscheust, weil es an dem Tag auf dem Tisch stand, als dir jemand ganz übel mitspielte.

Sich von solchen Assoziationen zu befreien ist alles andere als einfach, besonders wenn es negative sind. Doch es kann gelingen. Ich habe mir jedenfalls vorgenommen, anderen Menschen so vorurteilsfrei und offen zu begegnen wie nur möglich. Denn ich weiß, dass das Gefühl, das ich im Moment der Begegnung empfinde, sehr stark von meiner eigenen Geschichte abhängig ist.

Ich merke, wie es mir mit jeder Begegnung besser gelingt, denn ich erfahre dabei immer wieder: Die meisten Menschen sind nett und haben nichts Böses im Sinn; ganz im Gegenteil, ich würde unglaublich viel Gutes und Hilfreiches verpassen, wenn ich nicht offen dafür wäre, was ich von ihnen lernen kann – oder was ich ihnen vielleicht zu geben habe. Wer weiß, ob mir die- oder derjenige, der gerade in mein Leben tritt, zu einem Türöffner wird, ohne dass ich es ahne? Ich möchte nicht, dass Angst und Vorurteile mir all das, was möglich wäre, direkt verbauen.

14 // DIE KRAFT GUTER GEDANKEN

Vielleicht kennst du das: Du warst dir eigentlich deiner Sache ziemlich sicher, aber andere Menschen haben dich gewarnt und dir gesagt: Das schaffst du nicht, lass es sein, das ist eine Nummer zu groß für dich. Wieder und wieder haben sie davon gesprochen, dass das Risiko, am Ende zu versagen, nicht nur gegeben ist – sondern dass es mit hoher Wahrscheinlichkeit so kommen wird. Auch deine Freundin hat dir abgeraten. Und dein Vater. Am Ende hast du von der Idee, dich für die neue Stelle zu bewerben, Abstand genommen.

Doch im Nachhinein hast du dich immer wieder gefragt, ob es nicht doch der richtige Weg für dich gewesen wäre – weil du schon seit Jahren davon geträumt hast, mehr Verantwortung zu übernehmen und etwas Neues zu wagen.

Was die anderen gesagt haben, hat Zweifel in dir gesät. Vielleicht hatten sie ja recht mit ihrer Einschätzung? Jedenfalls hast du ein paar Mal zu oft gehört, dass es keinen Sinn macht, dass du dich weit vorwagst …

Jetzt hat jemand anders die Aufgabe, die du spannend fandest, übernommen, und für dich ist der Zug sozusagen abgefahren. In absehbarer Zeit wird es vermutlich keine zweite Gelegenheit, keine neue Chance geben. Und das ärgert dich!

Warum hast du dir selbst so wenig vertraut und nicht auf deine innere Stimme gehört? Was hast du eigentlich zu verlieren – selbst wenn es schiefgehen würde?

NEGATIVE WIRKUNG

Es macht etwas mit uns, wenn uns andere wiederholt sagen, was gut und was schlecht für uns ist. Und es gibt viele, die Menschen an ihrer Seite haben, die ihnen permanent etwas zuraunen, einflüstern, mit auf den Weg geben. Wenn es positive Gedanken sind, kann das durchaus aufbauend sein. Und es ist gut, von Zeit zu Zeit von Freunden und Partnern ermahnt zu werden, auf sich selbst zu achten. Aber zu oft gehört, entfalten Sätze wie »Das wird auch wieder nix werden …« oder »Lass es sein, das schaffst du nie« eine negative Wirkung. Sie lähmen uns, machen uns klein. Und je öfter man es hört, desto eher schleift sich der Gedanke ein. Dann ist es eine echte Herausforderung, sich aus solchen negativen Bezügen zu lösen.

Menschen, die uns immer wieder einreden wollen, dass wir zu schwach sind, um etwas zu bewegen, verhindern damit, dass sich das Leben in seiner Blüte entfalten kann.

Denn auch wenn du ein gewisses Selbstbewusstsein hast, wird es dennoch eine Wirkung haben, wenn dir andere immer wieder sagen, dass du für bestimmte Dinge einfach keine Kraft hast. Die Gedanken, die sie dir einflüstern, legen einen Schatten auf deine Seele. Und irgendwann glaubst du selbst, dass es wirklich keinen Sinn macht, etwas Neues zu wagen …

Was treibt Menschen eigentlich an, andere zurückhalten zu wollen? Ist es die eigene Schwäche? Geschieht es aus der Überzeugung, dem anderen etwas Gutes zu tun – oder ist es manchmal vielleicht auch Boshaftigkeit nach dem Motto: »Wenn ich es nicht schaffe, im Leben weiterzukommen, dann sollst du es auch nicht können«?

Letztlich spielt es keine Rolle, was die Beweggründe anderer Menschen sind. Es kommt darauf an, dass du dein Leben meisterst – und in deine Kraft kommst!

Ein erster Schritt ist es, dich selbst besser kennenzulernen und auf deine innere Stimme zu hören. Das ist nicht einfach, denn oftmals tobt es innerlich in uns, und es braucht die Gabe der Entscheidung. In den folgenden Kapiteln werde ich dies noch näher beleuchten. Vorab so viel: Es gibt verschiedene Wege, um sich selbst ein Stück weit besser kennenzulernen und als Mensch zu entwickeln.

SCHLÜSSELSÄTZE

Die Methode des Gegengedankens, der sogenannten Widerrede (Antirrhetikos), die die frühchristlichen Mönche entwickelt haben, ist wunderbar dazu geeignet, mit destruktiven Denkmustern umzugehen. Letztendlich geht es darum, dass sie jedem destruktiven Gedanken ein starkes Wort aus der Bibel entgegengesetzt haben. Die Wüstenväter kannten für jede Art der Angst eine solche Widerrede – einen Schlüsselsatz, den sie dem Gefühl der Angst entgegengeschmettert haben.

Wie gut ist es zu wissen, dass ich einer Situation, die mir Angst einflößt, mit einer Widerrede begegnen kann! Einfache, prägnante Sätze, die mir dabei helfen, eine schwierige

Situation zu meistern. Wie schnell gerät man sonst in eine Abwärtsspirale negativer Emotionen? Wenn meine Gedanken immer wieder in die Zukunft schweifen oder sich nur um die Vergangenheit drehen und es mir damit schlecht geht, dann kann die Widerrede beispielsweise ganz einfach lauten: *Das Leben ist jetzt!* Indem ich mit der Widerrede einen Stoppknopf drücke, gelingt der Perspektivenwechsel. Ich fokussiere mich auf einen Gedanken, der mir in diesem Moment hilft. Denn nur dadurch, dass ich gegenwärtig bin, finde ich einen guten Lösungsansatz für die Probleme, in denen ich gerade stecke.

Die Schriften des Wüstenvaters Evagrius Ponticus (ca. 345–399) sind auch heute noch eine wertvolle Quelle für ein gelingendes Leben. Er beschreibt, wie wir mit negativen Gedanken umgehen können, indem wir ihnen positive Einreden entgegensetzen. In dieser Tradition leben auch viele der heutigen Ordensgemeinschaften.

Schon die antiken Philosophen sprachen über die Kraft der Einrede. Kraftvolle Sätze, die ich mir immer mal wieder selbst sage, das sind beispielsweise Bibelverse und auch bestimmte Verse aus der Benediktregel. Ich denke an biblische Gleichnisse über das Wachsen der Saat, die ohne mein Zutun aufgeht. Und dann merke ich, dass ich mit vielem, was mich gerade umtreibt, gelassener umgehen kann, weil ich darum weiß, dass manches auch ohne mein Zutun geschieht – oder eben nicht. Du weißt, du kannst die Saat nicht alleine hochziehen. Es wächst – oder es wächst nicht.

Immer wieder denke ich auch an den Satz, den Jesus einem Menschen sagt, der seit 38 Jahren krank ist. Zunächst fragt er ihn: »Willst du gesund werden?« Der Kranke antwortet nicht auf die Frage, sondern beschreibt, dass er wegen seiner Erkrankung nicht an den Teich mit dem heilsamen Wasser kommt. Jesus spricht zu ihm: »Steh auf, nimm dein Bett und geh hin! Und sogleich wurde der Mensch gesund und nahm sein Bett und ging hin.« (Joh 5, 2–9).

Glaube, Liebe und Hoffnung entfalten eine unglaubliche Kraft. Darum denke nicht immer wieder darüber nach, was dich festhält – geh einfach!

Natürlich gelingt uns nicht immer alles, und es gibt auch trübe Tage im Leben. Andere bremsen uns aus. Nicht genutzte Chancen führen zu Enttäuschungen, und manchmal können wir schier verzweifeln, wenn wir sehen, wie sich alles entwickelt. Aber wir dürfen uns dennoch nicht von den schlechten Erlebnissen und vor allem nicht von den düsteren Gedanken, die sie auslösen, verschlingen und gefangen nehmen lassen.

Gleiches gilt für die Leidenschaften, sie werden immer da sein. Es geht darum, sich mit ihnen ehrlich auseinanderzusetzen, wenn wir in Versuchung geraten, etwas zu tun, was gegen unseren inneren Frieden steht. Leidenschaften können auch Leid auslösen, weil wir uns selbst und andere Menschen damit total überfordern. Das sage ich mir auch selbst von Zeit zu Zeit, wenn ich feststelle, dass ich wieder einmal in meiner Begeisterung für etwas über das Ziel hinausgeschossen bin. Wenn ich in meiner Euphorie andere »überfahren« habe, statt die nötige Geduld aufzubringen, die es gebraucht hätte.

Es geht immer wieder darum, im Leben einen guten Rhythmus zu finden, einen vernünftigen Wechsel zwischen Aktivität und Ruhe. Ruhe empfinden wir, wenn wir das, was wir zum Leben brauchen, in uns tragen.

Eine geregelte, feste Tagesstruktur schenkt mir Sicherheit, gerade dann, wenn das Leben besonders turbulent ist: morgens in die Stille, mittags in die Stille, abends in die Stille. Zeiten der Meditation und Besinnung, die ich mir nehme, weil ich sie brauche, um das Leben auf eine gute Weise gestalten zu können.

Es gibt im klösterlichen Leben einen Begriff, der heißt: Rumination. Das bedeutet wiederkäuen. Bewusst etwas immer und immer wiederholen. Das Lob Gottes in den Tageszeitgebeten, einen Bibelvers oder einen anderen Text, der Mut macht. Einen positiven Glaubenssatz.

Auch das »herumkauen« auf einer Situation, um sie tiefer zu durchdringen und daraus eine Erkenntnis zu gewinnen. Wenn es in deinem Leben etwas gibt, eine bestimmte Aufgabe, vor der du zurückschreckst – eine Situation, vor der du im Vorfeld Angst hast –, dann macht es Sinn, dies zu reflektieren, zu ruminieren. Gerade dann, wenn du es letztlich geschafft hast zu fragen: Was war es denn, was mich in Bewegung gesetzt hat? Sich auch zu erinnern: Wovor und wann habe ich Angst empfunden? Und wie habe ich sie überwunden?

Wenn ich mich bewusst daran erinnere und mir die Situation auf eine gute Art und Weise ins Gedächtnis rufe, indem ich sie »wiederkäue«, gewinne ich dabei Klarheit und irgendwann die Bereitschaft, das Ganze auch im besten Sinne ad acta zu legen. Weil es mich nicht mehr so sehr beschäftigt.

Vor einiger Zeit habe ich mit dem Benediktiner David aus dem Kloster Münsterschwarzach darüber gesprochen. Er hat mir noch einmal mehr die Augen für die Lebenskunst der Mönche geöffnet. Bei den Tageszeitgebeten im Kloster werden immer wieder die gleichen Texte gesungen, jahrtausendealte Psalmen. Zu Beginn des Tages feiern die Benediktiner die Vigil. Die Tradition dieses frühen Morgengebets reicht zurück in die Zeit der frühen Christen. Im Gebet, im Singen und im Hören erwarteten sie in der Osternacht das Licht des neuen Tages – ein Sinnbild für die Auferstehung Jesu am Ostermorgen.

In vielen Klöstern beginnt die Vigil werktags morgens um halb sechs. Der erste Vers, den ein Vorsänger singt, lautet: »Herr, öffne meine Lippen.« Dann stimmen alle Anwesenden mit ein und antworten darauf mit dem Vers: »Damit mein Mund dein Lob verkünde.« Anschließend wird ein Psalm gesungen, meistens Psalm 95. Darin heißt es: »Kommt, lasst uns jubeln vor dem Herrn und zujauchzen dem Fels unseres Heiles. Lasst uns mit Lobpreis seinem Angesicht nahen, ihm jubeln mit Liedern!«

Wenn man über Jahre und Jahrzehnte als Mönch oder Nonne jeden Morgen einen solchen Satz singt, macht das etwas mit einem! »Kommt, lasst uns jubeln …!« – positiver kann man als Einzelner und als Gemeinschaft den Tag nicht beginnen.

Die Liturgie ist unterteilt in sogenannte Nokturnen. Jede besteht in der Regel aus drei Psalmen, einem Segensvers und einer Lesung. Abwechselnd werden Bibelverse und Texte aus den Schriften der Kirchenväter vorgetragen. Das erste Tageszeitgebet der Klöster ist die Laudes. Sie beginnt mit dem Vers »Herr, öffne meine Lippen, damit mein Mund dein Lob verkündet«, der dreimal wiederholt wird. Der Tagesablauf wird von mehreren weiteren Gebetszeiten unterbrochen. Dies wird in den Klöstern unterschiedlich gehandhabt. In manchen Gemeinschaften feiert man gegen 9 Uhr (»zur dritten Stunde nach dem Tagesbeginn«) die Terz, drei Stunden später die Sext und dann gegen 15 Uhr (»die neunte Stunde«) die Non. Die Mittagshore erinnert daran, im täglichen Tun innezuhalten und sich auf das Wesentliche zu besinnen. Mit dem Abendlob, der sogenannten Vesper, endet gegen 18 Uhr im Kloster die Arbeit des Tages. Gemeinsam dankt man für den Tag und Gottes Beistand. Das Nachtgebet, die Komplet, beschließt gegen 21 Uhr den Tag. Wieder werden Psalmen gesungen und Texte gelesen. Im abschließenden Hymnus erbitten die Gemeinschaft und jeder Einzelne den Schutz Gottes für der Nacht und den Segen für das vollbrachte Tagewerk. Nach der Komplet geht jeder schweigend zu Bett.

Auf diese Weise regelmäßig Gott zu loben und seinen Beistand für den Tag zu erbitten, ist hilfreich. Die stete Wiederholung des Immergleichen hat eine wohltuende Wirkung auf unsere Seele. Sie nimmt die Aufgeregtheit und führt uns in eine Stille. Es bildet sich ein gewisser Klang in uns ab, den wir immer wieder aufrufen können. Wenn ich mir an 500 Tagen hintereinander immer wieder sage: »Die Sonne geht für mich auf und bringt Wärme in mein Leben«, dann ist es auch so. Das ist eine positive Einrede, von der die Wüstenväter sprechen. Wer daran glaubt, dass Gott uns auf unserem Weg bestärkt, kann dies in solchen Momenten erfahren.

Im Talmud, einem der bedeutendsten Weisheitstexte des Judentums (der ältere der beiden Teile der Schriften stammt aus babylonischer Zeit), heißt es: »Achte auf deine Gedanken, denn sie werden zu Worten, achte auf deine Worte, denn sie werden zu deinen Gewohnheiten, achte auf deine Gewohnheiten, denn sie werden zu deiner Persönlichkeit. Achte auf deine Persönlichkeit, denn sie wird zu deinem Schicksal.«

KRAFT, DIE AUS DER WIEDERHOLUNG GUTER GEDANKEN KOMMT

Auch außerhalb der Klostermauern und selbst ohne Bezug zur christlichen Liturgie und zum Glauben können wir uns die Kraft, die aus der Wiederholung guter Gedanken kommt, zu eigen machen. Wenn du dir wieder und wieder sagst: »Ich war schon immer mutig«, dann ist das auch ein Glaubenssatz. Man kann solche Glaubenssätze, die ich immer aufs Neue wiederhole, Mantra nennen oder Affirmation – sie verfehlen nicht ihre Wirkung. So kann ich zu einer Haltung kommen, die ich anstrebe.

Sich jeden Morgen nach dem Aufwachen zu sagen: »Und so geh ich in den Tag, fröhlich und bereit, mich dem zu stellen, was kommt. Ich will versuchen, besonders das Schöne und das Gute im Leben in den Blick zu nehmen, und dazu beitragen, dass die Welt ein wenig heller wird« – das verändert den Fokus. Wir starten tatsächlich besser gelaunt und innerlich wacher, gespannt auf das, was kommt. Und der Gedanke, ein wenig Freude und Licht auch in das Leben anderer zu bringen, wird mich beflügeln. Das ist die Kraft der positiven Einrede!

Es wird so sein, dass wir dadurch, dass wir anderen Menschen Gutes tun, selbst auch jede Menge Freude geschenkt bekommen.

15 // LEIDENSCHAFTEN

Viele Menschen sind derart gefangen in einem selbst geschaffenen System von Arbeit, zusätzlichen Verpflichtungen in ihrer Freizeit und permanentem »Onlinesein«, dass sie irgendwann gar nicht mehr zur Ruhe kommen. Selbst im Urlaub regen sie sich über Kleinigkeiten auf, weil in den Momenten, in denen sie bewusst eine Pause einlegen, die Unruhe in ihnen tobt und sie jegliche zusätzliche Störung um jeden Preis verhindern wollen.

Solchen Menschen, das habe ich selbst erfahren, tut es gut, etwas Praktisches mit ihren Händen zu tun. Den Garten vom Unkraut zu befreien, drei Kilo Gemüse zu putzen oder mit der Hand Briefe zu schreiben.

Wir sind auf die Zukunft ausgerichtete Wesen. Es geht immer darum, etwas zu erreichen.

Aber wieso begrenzen wir uns nicht? Es wäre viel gesünder, auf ein quantitatives Wachstum zu verzichten und dafür auch weniger zu arbeiten. Vor einiger Zeit habe ich mich gefragt: Was ist für mich ganz persönlich das wirklich Wesentliche? Mit wem möchte ich arbeiten? Und wofür? Was braucht es, damit ich meine Talente und meine bisher gemachten Erfahrungen mit anderen Menschen so teilen kann, dass es ihnen guttut?

Das habe ich mir überlegt und auch aufgeschrieben. Mir ist bewusst geworden, dass ich in Zukunft vor allem für die Menschen da sein möchte, die ein ehrliches Interesse daran haben, sich weiterzuentwickeln. Zusammenarbeiten möchte ich mit denen, die ähnlich gesinnt sind wie ich. Ich möchte ein Team aufbauen, das mich auf dem Weg begleitet, Menschen dabei zu helfen, den Sinn des Lebens zu finden. Alles, was mich davon ablenkt, ist das, was ich nicht mehr will.

Meine Zeit im Kloster war für mich ein entscheidender Impuls. Das Leben dort ist einfach, aber gerade darin liegt ein großer Schatz. Die Reduktion tut so gut!

Die Benediktinermönche in Münsterschwarzach tragen ihre Arbeitskleidung, wenn sie im Garten oder den Werkstätten tätig sind, und ansonsten den einheitlichen schwarzen Habit, den alle Mönche tragen. Keiner muss überlegen: »Was ziehe ich heute an?« Indem ich die Anzahl der Handlungsoptionen reduziere, gewinne ich viele Freiheiten. Wir haben ja nur ein begrenztes Kontingent an Energie, und Entscheidungen kosten Zeit und Kraft. Und indem wir uns zurücknehmen und die Aktivitäten bewusst herunterfahren, kommen wir zu uns selbst.

Das rechte Maß zu finden und einzuhalten ist auch für mich immer wieder eine Herausforderung. Ich habe ein Problem damit, Grenzen anzuerkennen. Ich gehe über meine persönlichen Grenzen hinweg und missachte damit auch die Bedürfnisse anderer, die mit mir zusammenleben. Die Frage ist, was ist der Grund dafür?

Die Wüstenväter sagen, dass alles, was aus dem rechten Maß herausfällt – d. h., was deutlich zu wenig oder viel zu viel ist –, letztendlich nur Ausdruck einer inneren Verletzung ist, die wir haben. Diese Menschen versuchen durch übermäßige Anstrengungen eine innere Leere zu kompensieren oder anderen zu beweisen, dass sie etwas wert sind, vielleicht weil dies seit Kindheitstagen ihr Thema ist: nicht genügend Wertschätzung und Liebe erfahren zu haben.

Wenn sie den Pfad des rechten Maßes verlassen, dann geraten sie in eine Abwärtsspirale und sind am Ende einfach nur noch müde und kaputt. Im Extremfall sprechen wir dann von einem Burn-out. Wer zu heftig für etwas gebrannt hat, kann nun gar nicht mehr weiter.

*

Leidenschaften sind an sich etwas wirklich Schönes. Beispielsweise die Leidenschaft, zu schreiben, zu gestalten, zu malen. Die Begeisterung für Musik, Reisen, Essen und Trinken. Und natürlich auch das gesunde Ausleben unserer Sexualität. Aber die Leidenschaften können auch bedrohliche Züge annehmen, wenn sie uns dazu verleiten, so zu handeln, dass es uns letztlich nicht guttut. Sie können uns in Situationen treiben, in die wir niemals kommen wollten.

Es gibt dabei drei Arten von Leidenschaften, die es zu unterscheiden gilt: den begehrlichen, den emotionalen und den geistigen Bereich.

Zu den **begehrlichen Leidenschaften** gehören die sexuellen Eskapaden, die Völlerei und die Habsucht. In allen drei Fällen geht es um Missbrauch – von Nahrung, Sexualität oder Dingen. Ein maßloses In-sich-Hineinstopfen, Begehren oder Raffen. Übermäßiger Konsum ist vielfach ein Ausdruck dessen, dass wir unserer eigenen Wahrheit aus dem Weg gehen wollen.

Der erste Schritt auf dem richtigen Weg im Umgang mit meinen unguten Leidenschaften besteht darin, das richtige Maß zu finden, Herr über die Triebe und eigenen Bedürfnisse zu werden. »Alles Übermaß ist ein Produkt unserer Leidenschaften«, sagt der Wüstenvater Abbas Poimen. Eine zeitweise geübte Askese, beispielsweise das Fasten, hilft uns dabei, uns von all dem zu befreien, was uns innerlich beschwert und beherrscht. Die Askese unterstützt uns dabei, das Leben lieben zu lernen.

Es geht eben nicht darum, die düsteren Gedanken, die wir haben, zu bekämpfen. Wir können lernen, sie auszuhalten und mit ihnen auszukommen. Gleiches gilt auch für die Leidenschaften. Sie zu unterdrücken wird uns nicht möglich sein, zumindest nicht auf Dauer.

Und ich darf – egal, was geschieht oder gerade aus dem Ruder läuft – dennoch gewiss sein: Ich habe nahezu immer eine neue Chance für einen zweiten Versuch oder einen Neuanfang! Die will ich nutzen. Und ich möchte auch dir Mut machen, die Versuchungen, Leidenschaften und Probleme deines Lebens als Chance zu betrachten. Sich deiner Leidenschaften, negativen Gedanken oder Versuchungen bewusst zu werden, ohne sich von ihnen verschlingen zu lassen, hält dich lebendig und wach.

Emotionale Leidenschaften sind die Trauer und die Akedia. Trauer ist ein Ausdruck dafür, dass wir etwas vermissen – einen geliebten Menschen, einen treuen, langjährigen Wegbegleiter oder auch Wohlstand, den wir leider zurücklassen müssen.

Akedia ist die Unfähigkeit, in der Gegenwart zu sein. Den Begriff habe ich in den Schriften des Mönches Evagrius Ponticus gefunden, der im 4. Jahrhundert lebte. Er beschreibt die Unfähigkeit, im Augenblick, im Jetzt zu leben.

In seiner Erzählung sitzt ein Mönch in seiner Zelle und liest in der Bibel. Aber das Licht ist nicht hell genug, er hat Probleme, den Text zu erkennen – außerdem ist er müde und schläfrig. So benutzt er seine Bibel als Kissen. Aber auch damit ist er nicht zufrieden, weil das Buch als Kissen zu hart ist und er nicht gut schlafen kann. Weil ihm langweilig ist, hält er am Fenster Ausschau nach einem Mitbruder – aber keiner kommt, um ihn zu besuchen. Und er beschwert sich über deren Hartherzigkeit. Dann merkt er, dass seine Zelle zu feucht ist, seine Kleidung juckt ihn, er ist mit nichts zufrieden. Der Mönch in der Geschichte möchte immerzu woanders sein – oder etwas haben, was er nicht besitzt. Selbst das Nichtstun macht ihm keine Freude. Evagrius Ponticus stellt fest, dass der Dämon die Seele des Menschen förmlich zerreißt. So geht es vielen Menschen in der sogenannten Lebensmitte, im Alter zwischen 40 und 50 Jahren. Obwohl, objektiv betrachtet, vieles gut ist, stellt sich keine Zufriedenheit ein – mit dem, was gerade ist, mit dem, was man erreicht hat, und mit dem, was vermeintlich fehlt. Menschen in der Lebensmitte fragen sich oft: »War es das schon, oder kommt noch was?« Und dann bieten sich Gelegenheiten, auszuloten, ob vielleicht noch mehr geht als das, was man gerade hat.

Weil die Seele besonders in der Zeit der Lebensmitte mit vielem zu kämpfen hat, braucht sie eine äußere Ordnung, um gesund zu bleiben.

Als Drittes gibt es die **geistigen Leidenschaften.** Zu ihnen gehören die Ruhmsucht, der Neid und der Stolz. Die Ruhmsucht ist es, die uns dazu treibt, alles dafür zu tun, um die Anerkennung anderer zu erhalten. Und Neid ist ein Ausdruck meines fehlenden Selbstbewusstseins. Weil ich mich selbst noch nicht wirklich erkannt habe, so wie ich in Wahrheit bin, versuche ich meinen (Selbst-)Wert im Vergleich mit anderen zu ermitteln. Der Stolz suggeriert uns, dass all das, was wir in unserem Leben erreicht haben, allein unser Verdienst ist. Eine völlige Fehlannahme!

Zu erkennen, dass uns all unsere Leidenschaften auch in die Irre leiten können, ist der Beginn eines neuen Bewusstseins.

*

Wir sollen und dürfen das Leben genießen. Es spricht gar nichts dagegen, sich von Zeit zu Zeit ein Glas Wein zu genehmigen, einfach so, als puren Genuss. Aber ich weiß, wie schwer es mir fällt, bei einem Glas zu bleiben, wenn in netter Runde eine Flasche Wein geöffnet wird. Ich neige dazu, die Flasche leer zu machen und danach eine zweite zu öffnen. Und am nächsten Tag habe ich einen dicken Kopf, weil ich viel zu viel getrunken habe. Vermutlich steckt dahinter die Leidenschaft, alles bis zur Neige auskosten zu wollen. Ich begegne ihr mit Achtsamkeit und Disziplin. Also mit der vorweggenommenen Entscheidung. Vor acht Jahren habe ich beschlossen: Ich trinke gar keinen Alkohol mehr. Das habe ich dann auch durchgezogen. Dadurch konnte ich mich von vielen Belastungen befreien. Auch von der immer wiederkehrenden Entscheidung: Trinke ich heute etwas – oder nicht?

Seit dieser Zeit fühle ich mich freier. Inzwischen kann ich – das habe ich über die Disziplin und auch durchs Fasten gelernt – *ein* Glas Wein mit Genuss trinken – und dann ist es gut. Die harte Unterbrechung – die Übersteuerung, das regelmäßige Fasten, das Einüben des Verzichts – hat gut gefruchtet.

Aber ich weiß auch, dass ich jedes Mal eine bewusste Entscheidung treffen muss. Die Fähigkeit, beim Alkoholkonsum maßzuhalten, habe ich entwickelt, um dem Problem zu begegnen. Achtsamkeit bedeutet in diesem Fall zu wissen: Ja, die Versuchung existiert weiterhin, und ich schaue von außen darauf und sage bewusst: Nein, das mache ich jetzt nicht.

Ich bin in allem ein extremer Typ. Meine Art, mit dem rechten Maß umzugehen, ist die Disziplin, die ich an den Tag lege, um einen Entschluss in die Tat umzusetzen.

Wenn ich einmal eine Entscheidung getroffen habe, dann bleibe ich, wenn irgendwie machbar, dabei. Beispielsweise wenn ich mich entschließe, eine Zeit lang auf etwas zu verzichten, keine Kohlenhydrate mehr zu essen, weil es mein Osteopath empfohlen hat. Ich habe das gnadenlos durchgezogen, bis mich meine Frau irgendwann bei der Arbeit im heimischen Garten aus dem Beet ziehen musste, über dem ich total unterzuckert zusammengeklappt war. Sie hat mir dann Apfelsaft zu trinken gegeben, um mich wieder auf die Beine zu bringen.

In meinem Beharren bin ich oft ziemlich stoisch, weil ich die Disziplin für mich als eine der wenigen Möglichkeiten entdeckt habe, wie es mir gelingen kann, der Tugend des rechten Maßes ein Stück weit entgegenzugehen. In dem Moment, wo ich mich dafür entscheide, keine Süßigkeiten zu essen oder keinen Alkohol zu trinken, kann ich nach einer kurzen Phase der Überwindung damit gut leben, es fällt mir leicht, den Entschluss durchzuhalten. Wenn ich mir etwas hingegen grundsätzlich mit Einschränkungen erlaube (»Einmal ist keinmal …«), dann fällt es mir schwer, das rechte Maß zu finden. Dann kann es gut sein, dass ich auch einmal eine ganze Tafel Schokolade quasi im Handumdrehen aufesse.

Genuss hat wenig mit einem In-sich-Hineinstopfen zu tun. Es geht darum, sich dessen bewusst zu werden. Und wenn ich innerlich unzufrieden bin, wird mich auch das viele Essen nicht befriedigen.

Eine Freundin berichtete mir, dass sie mit ihren sexuellen Affären vor ihrem Leben flüchtet, mit dem sie nicht zufrieden ist. Eine Seminarteilnehmerin erzählte mir, dass sie das Problem hat, sich ständig mit irgendjemandem einzulassen und sich dann wieder aus den flüchtigen Beziehungen zu lösen.

Die Versuchung ist der Versuch, in all meine Unzufriedenheit und Ängste hinein für einen Moment Glückseligkeit zu empfinden – aber wenn wir ihr nachgeben, fühlen wir uns im Nachhinein oft schlechter als vorher. Es folgt die Ernüchterung, der Moment, in dem ich mir wieder meiner Unzufriedenheit bewusst werde.

Immer wieder geht es um Verhaltensmuster. Und das Verhalten ist auch nur ein Ergebnis der äußeren Einflüsse, die dieser Mensch in seinem Leben erfahren hat. Die Art und

Weise, wie er sich verhält, die Art und Weise, wie er spricht, die Meinungen, die er vertritt, sind nur Ausdruck seiner Lebensgeschichte.

SICH ZU ETWAS HINREISSEN LASSEN

Es bedarf durchaus der immer wiederkehrenden Herausforderung und auch der Versuchung, um sich überhaupt als Mensch weiterentwickeln zu können. Aber man muss sich fragen, was passiert, wenn ich diesem oder jenem nachgebe, beispielsweise der Versuchung, mit jemandem, den ich attraktiv finde, eine Affäre zu beginnen.

Der Versuchung nachzugeben mündet vermutlich in einem aufregenden Erlebnis, aber es ist auch die Büchse der Pandora, die ich öffne. Wohin würde das führen? Diese Frage muss ich mir stellen und die Sache auch bis zu Ende denken, bevor ich einer Versuchung nachgebe.

Wenn ich der Versuchung nachgebe, treibt mich das letztlich in die Angst. Wenn ich meiner Lust nachgebe, dann erfahre ich vielleicht in dem Moment eine Befriedigung, aber anschließend kommt das schlechte Gewissen.

Wo führt das hin? Was ist die letzte Konsequenz? Wie verhalte ich mich denn zu Hause, wenn ich immer Angst haben muss, dass etwas ans Licht kommt, von dem keiner wissen darf?

Ich muss aufpassen, dass mein Handy nicht irgendwo rumliegt und meine Frau oder eines meiner Kinder draufguckt und entdeckt, was ich mit wem geschrieben habe …

Wie anstrengend! Wir machen uns zu Gefangenen der Auswirkungen unserer Geheimnisse und berauben uns der Freiheit.

Andere denken in der Lebensmitte: Was wäre, wenn ich meine Arbeit aufgebe und etwas Neues probiere? Und was würde mich das letztlich kosten? Ich müsste all das, was ich mir jahrelang aufgebaut habe, hinter mir lassen und noch einmal von vorne beginnen. Es wird viel Kraft kosten, sich an der neuen Stelle einzuarbeiten. Ob ich noch einmal so nette Kolleginnen und Kollegen haben werde wie jetzt gerade? Einen derart sympathischen Vorgesetzten? So viele Freiheiten?

All das zu bedenken und die Frage »Lohnt es, die Arbeitsstelle zu wechseln, weil ich mehr verdienen kann als bisher?« von allen Seiten zu beleuchten macht Sinn. Am Ende komme ich vielleicht zu dem Schluss: Mehr verdienen wäre nett – aber es ist nicht alles, und es wiegt nicht das auf, was ich hinter mir lassen muss, um mich der neuen Aufgabe zu stellen.

Mit einer Versuchung zu ringen, die Gedanken durchaus für einen Moment zuzulassen, sie dann aber zu verjagen – das ist ja auch das Bild, das die Wüstenväter benutzen. Nicht gegen etwas ankämpfen, sondern es in seinem Herzen zu bewegen und dann um eine Entscheidung zu ringen, das gehört zum Leben dazu. Ebenso wie die Versuchungen. Letztendlich müssen wir für jede Versuchung dankbar sein, weil sie uns zu einer größeren Klarheit führt, wenn wir mit uns innerlich gerungen und eine Entscheidung getroffen haben.

Ich finde die Formulierung »sich hinreißen lassen« großartig. Denn sie beschreibt, wie es ist, wenn wir von etwas in Versuchung geführt werden und diesem Drang nachgeben.

Wenn ich mich hinreißen lasse, dann gerate ich ins Straucheln – und dann falle ich.

Wenn ich einen meiner Grundsätze über einen längeren Zeitraum missachte, dann leidet auch alles andere darunter. Vielleicht ist es sogar der Anfang vom Ende, die Büchse der Pandora, die ich – einmal geöffnet – nicht mehr schließen kann. An diesem Punkt gilt es, genau aufzupassen und zu sagen: Nein, stopp. Genau das will ich nicht. Ich lasse mich nicht hinreißen.

Die »vorweggenommene Entscheidung« hilft mir immer wieder. Beispielsweise indem ich einfach für einen bestimmten Zeitraum grundsätzlich »Nein« sage, etwa wenn ich Anfragen für Veranstaltungen und Vorträge bekomme.

Es gab eine Zeit, in der ich total viel unterwegs war. Irgendwann habe ich mich richtig kaputt und müde gefühlt, die Familie hat unter meiner Reisetätigkeit und all dem, was damit einherging, gelitten – und ich selbst auch. Dann habe ich mir gesagt: Ich muss das für mich klären. Wieso mache ich das alles überhaupt? Ist es sinnvoll, so zu leben? Brauche ich die Anerkennung, den Applaus nach den Vorträgen? Und dann habe ich beschlossen: Im nächsten Jahr hältst du keinen einzigen Vortrag und sagst alle Anfragen ab. Wie entspannend war das, wenn meine Mitarbeiterin neue Anfragen bekommen hat. Sie musste nicht mit mir darüber sprechen, es gab keinerlei Diskussionen wie früher. Stattdessen hat sie einfach geantwortet: »Derzeit steht Bodo Janssen für keine weiteren Termine zur Verfügung. Wir bedanken uns dennoch für Ihre Anfrage.«

Wenn ich eine klare Position formuliere, reduziere ich die Auswahl der Dinge, zwischen denen ich mich entscheiden muss. Es ist so viel leichter zu sagen: »Ich lehne alles ab, ich halte keine Vorträge mehr, für die ich weit reisen muss« oder: »Ich trinke grundsätzlich keinen Alkohol« – als jedes Mal von Neuem zu überlegen, ob ich ein Glas trinke oder zwei.

Diese vorweggenommene Entscheidung, das Einvernehmen »So ist es gut, so mache ich es grundsätzlich« ist ein Bekenntnis. Erst mit dem Bekenntnis wird Erkenntnis kraftvoll. Ich bekenne mich zu einem gesunden Leben – und auch dazu, jede Situation als Chance zu betrachten. Das hat eine unheimliche Kraft. Ganz anders wäre es, wenn ich sagen würde: »Ich begrenze meine Reisetätigkeit auf sieben Tage im Monat – oder den Alkoholkonsum auf ein Glas Wein pro Abend.«

Das Begrenzen hat für viele Menschen einen negativen Beigeschmack. Und das Maßlose hat ja auch etwas Verlockendes! Wenn bei einem Grillfest so viel Fleisch verfügbar ist, dass jede(r) vier Steaks essen kann – und es ist immer noch etwas da –, das ist ein richtiges Fest!

Ein Grillfest, bei dem es pro Person nur ein Würstchen gäbe, würde bei vielen Gästen ein befremdliches Gefühl hinterlassen. Nach dem Motto: Sind wir dem Gastgeber nicht mehr wert als ein kümmerliches Würstchen?

Aber das Grenzenlose ist auch eine unglaubliche Versuchung. Der Gedanke, du kannst im Wirtschaftswunderland Deutschland eigentlich alles schaffen und haben, wenn du nur richtig willst. Wenn du nur richtig zupackst und schaffst, kannst du es dir mit vollen Händen nehmen. Andererseits stellt sich auch schnell das Gefühl ein, hinterherzuhängen, wenn man nicht (mehr) mit den anderen mithalten kann. Vielleicht weil man gesundheitliche Probleme hat oder im Alter die Kräfte nachlassen. Dann entsteht Angst und Druck. Denn du jagst Zielen hinterher, die nicht mehr erreichbar sind.

16 // SICH DEN INNEREN DÄMONEN STELLEN

Ich führe durchaus schon immer ein Leben in Extremen. Früher, zu meiner Partyzeit, mit Anfang zwanzig habe ich es immer ordentlich krachen lassen, wie ich es schon beschrieben habe: Alkohol, Drogen bis zum Exzess. Ich habe mich nicht damit begnügt, wie meine Bekannten und Freunde am Abend nur eine Droge zu nehmen. Wenn ich auf einer Party war, habe ich alles eingeschmissen, was ich zu fassen bekommen habe. Nach dem Motto: Mal schauen, was jetzt passiert. Ich habe versucht, mich abzulenken und zu betäuben. Aber vor sich selbst zu fliehen hilft nicht. Das zeigt auch folgendes Märchen: »Es war einmal ein reicher Prinz, der liebte schöne Kleider, goldene Spangen und kostbare Ringe. So geschmückt, zeigte er sich jeden Morgen, wenn die Sonne ihm ins Angesicht schien, seinem Volke, und er war glücklich, wenn alles funkelte und glänzte und die Menschen ihm zujubelten.

Eines Tages trat der Prinz erst am späten Nachmittag vor sein Volk. Die Sonne stand in seinem Rücken, und der junge Mann sah zum ersten Mal seinen eigenen Schatten. Da überkam ihn ein unbändiger Zorn. Sofort ließ er sein Pferd satteln. Er wollte fort. Dort leben, wo es keinen Schatten gibt. So ritt er davon. Er reitet heute noch.«

Wir sprechen von unseren »Schattenseiten« und meinen damit die dunklen Stellen in unserem Leben, die uns besonders schmerzen. Dabei denken wir an ausweglose Situationen, an Schuld, die wir auf uns geladen haben, an Momente, in denen wir andere Menschen innerlich oder äußerlich – bewusst oder unbewusst – verletzt haben. Lebensphasen, in denen uns Neid, Missgunst, Eifersucht oder auch blinder Hass dazu getrieben haben, Dinge zu tun, die wir jetzt bereuen. Beziehungen sind darüber zerbrochen – wir haben uns von Freunden, Geschwistern, Eltern, Partnern entfremdet. Vielleicht werden wir deshalb gemieden oder schief angesehen. Das tut weh.

Vielleicht haben wir gelogen, betrogen oder gestohlen, um uns einen Vorteil zu verschaffen? Uns etwas herausgenommen, was uns nicht zustand. Und nun fürchten wir uns vor den Konsequenzen – vor Entdeckung, Gesichtsverlust und Bestrafung. Solche Gedanken verfolgen uns auch nachts in unseren Träumen. Wir wachen schweißgebadet auf und fürchten uns, dass das alles nicht nur ein Traum, sondern ein Vorbote der Realität ist.

Viele Menschen leben als eine Art Schlafwandler, ganz einfach deshalb, weil sie die Augen vor der eigenen Wirklichkeit verschließen.

*

Die Abgründe der eigenen Seele und die unterdrückten Anteile in uns, die wir als Schattenseiten empfinden, nennen die Wüstenväter Dämonen. In vielen ihrer Texte geht es um die Dämonen, die so beschrieben werden, dass sie sich nachts an unsere Glieder heften und uns wie ein Skorpion beißen.

Wesen, die sich uns als abscheuliche Gestalten zeigen und uns die Luft zum Atmen abdrücken. »Es wird eng …« – das raunen sie uns zu. Und wenn wir ihnen dies glauben, dann ist es auch so. Wir empfinden Enge – riesige Angst schnürt uns die Kehle zu. Der Mund ist trocken, wir bringen kaum ein Wort heraus.

Oftmals sind es unbewusste Gefühle, die sich von Zeit zu Zeit zu Wort melden und Auslöser für starke Konflikte sind. Vielleicht haben wir in unserem Elternhaus Situationen erlebt, denen wir als kleines Kind oder Jugendlicher hilflos ausgesetzt waren – Gewalt in physischer oder psychischer Form. Oder ein jahrelang zurückliegender Unfall hat nicht nur körperliche, sondern auch seelische Narben hinterlassen. Wir haben uns nicht darum gekümmert, versucht zu vergessen. Aber jetzt ist alles auf einmal wieder mit Macht präsent.

Wenn alte Erfahrungen von einem aktuellen Geschehen »getriggert« werden, nimmt etwas, was wir kaum noch steuern können, seinen Lauf. Irgendeine tief sitzende Angst, eine, objektiv betrachtet, völlig unnötige Eifersucht oder unbändige Wut bricht sich Bahn und löst nicht nur emotionales Chaos bei uns selbst, sondern bei unserem gesamten Umfeld aus.

Unsere Gefühle sind überbordend – wir haben Rachegelüste und Zorn, vielleicht sogar gegen uns selbst. Und wir steigern uns mehr und mehr in die Situation hinein. Oftmals finden wir erst im Nachhinein eine Begründung und merken, wann eine Situation »gekippt« ist und es danach zu spät war, um noch gegenzusteuern.

Es ist auch die Macht der Angst, die uns immer wieder in Konflikte mit anderen Menschen, unserem Partner, den Kollegen oder Freunden führt. Doch anstatt zu versuchen, sich von seiner Angst zu befreien, gilt es, einen guten Umgang mit ihr zu finden. Problem ist nicht die Angst an sich, sondern die Angst vor der Angst.

Angst wird zum beherrschenden Lebensgefühl, weil wir uns Sorgen machen, dass wir wegen irgendetwas, was wir als verborgenes Geheimnis mit uns tragen, doch noch auffliegen könnten und uns anderen gegenüber offenbaren müssen. Oder dass es aus einer üblen Situation, in die wir uns hineinmanövriert haben, kein »Zurück« mehr gibt.

Diese Gefühle dürfen sein. Ich kann mit ihnen in einen Dialog treten, weil sie auch eine Ursache haben. Oft sind sie auch die Folge davon, dass ich mich übernommen habe, weil mir das Maß verloren gegangen ist. Eines steht fest: Der Versuch, den Schattenseiten des Lebens zu entfliehen oder die Gedanken, die permanent in uns kreisen und uns beschäftigen, aufzuhalten, gleicht dem Versuch, den Wind mit meinen Händen einzufangen. Es ist schlicht nicht möglich!

In einer Situation, die gerade zu eskalieren droht, kann es mir helfen, mich auf etwas anderes zu konzentrieren, das »im Außen« liegt. Alleine einen Spaziergang zu machen, dabei bewusst zu atmen, den Horizont zu betrachten – bis sich die dunklen Wogen, die unsere Seele betrüben, verzogen haben oder der Zorn in uns sprichwörtlich verraucht ist. Emotionen wie Angst und Wut werden nur noch stärker, wenn wir sie bekämpfen, denn sie sind ein nicht zu löschender Teil von uns. Kontrollieren oder beherrschen lassen sie sich in einer akuten Situation, die bereits eskaliert ist, kaum noch. Deshalb ist es wichtig, dass wir uns Zeit nehmen, sie in einem ruhigeren Moment noch einmal zu betrachten. Was hat mich derart in Rage gebracht? Und weshalb habe ich so heftig reagiert?

Objektiv betrachtet, ging es um eine Kleinigkeit, es gab eigentlich gar keinen Grund, auszurasten. Aber ich habe dennoch die Kontrolle über meine Emotionen verloren, weil ein Wort, ein Satz, eine Geste, ein Geruch, ein Geräusch mich an eine bestimmte Situation oder ein Gefühl erinnert hat. Eine Zeit in meinem Leben, die mich schmerzt. Und dann kocht innerlich das Fass über. Wir sprechen davon, dass uns Menschen »bis zur Weißglut« treiben.

In solchen Situationen bedienen andere Menschen bestimmte Trigger, auf die wir immer wieder anspringen – manchmal machen sie das sogar bewusst.

Wenn du weißt, was dich derart schmerzt, dass du innerlich zu explodieren drohst, kannst du das Thema angehen. Viele empfinden es als hilfreich, mit Freunden oder ihrem Partner darüber zu sprechen und ihren Gefühlen so Luft zu verschaffen. Andere suchen sich bewusst professionelle Unterstützung und machen eine psychologische Gesprächstherapie. Auch dabei werden die Punkte beleuchtet und bearbeitet, die wir so lange verborgen haben. Und es werden Wege gesucht, wie wir uns von den Gedanken befreien können.

Viele machen die Erfahrung, dass es ihnen leichter fällt, schlechten Gedanken Einhalt zu gebieten, wenn sie einfachste Arbeiten verrichten und sich in etwas hineinbegeben, das sie sonst nicht kennen. Auch dazu gibt es eine von den Wüstenvätern überlieferte Geschichte: »Als der Altvater Antonius einmal in verdrießlicher Stimmung und mit düsteren Gedanken in der Wüste saß, sprach er zu Gott: ›Herr, ich will gerettet werden, aber meine Gedanken lassen es nicht zu. Was soll ich in dieser Bedrängnis tun? Wie kann ich das Heil erlangen?‹

Bald darauf erhob er sich, ging ins Freie und sah einen Mann, der ihm glich. Der Mann saß da und arbeitete, stand dann von der Arbeit auf und betete, setzte sich wieder und flocht an einem Seil, erhob sich dann abermals zum Beten. Und siehe, es war ein Engel des Herrn, der gesandt war, Antonius etwas zu zeigen und Sicherheit zu geben. Und er hörte den Engel sprechen: ›Mach es so, und du wirst das Heil erlangen.‹ Als er das hörte, wurde er von großer Freude und mit Mut erfüllt, und durch solches Tun fand er Rettung.«

17 // WIND UND WELLEN

Wenn ich mit meinem Seekajak zum Angeln aufs Meer fahre, kann sich schnell eine Situation ergeben, mit der ich nicht gerechnet habe. Beispielsweise wenn entgegen der Wettervorhersage plötzlich ein heftiger Wind aufkommt und heftige Wellen das Kajak ins Schwanken bringen.

Dann hilft es nichts, wenn ich hektisch oder gar panisch reagiere. Ich muss die Situation – so wie sie ist – annehmen. Wenn ich mir einreden würde: »Bis ans Ufer kann ich es ohnehin nicht schaffen, ich werde vorher kentern« – dann werde ich panisch. Doch wenn ich mich auf die Gegebenheiten und meine Fähigkeiten fokussiere und mir sage: »Okay, das ist blöd. Aber jetzt muss ich Ruhe bewahren und schauen, was das Sinnvollste ist, um ans rettende Ufer zu kommen«, erhöhen sich meine Chancen, das Ganze unbeschadet zu überstehen, schlagartig. Das macht den Unterschied. Wir sind nicht verantwortlich für unsere Emotionen, wohl aber dafür, wie wir mit ihnen umgehen. Und es wichtig, sich klarzumachen: Beherrschen mich die Gefühle, oder beherrsche ich sie? Beherrschen mich die düsteren Gedanken, oder beherrsche ich sie? Das ist letztendlich das, was auf dem Weg in die Freiheit hilft: dass wir lernen und üben, unsere Gedanken und Gefühle, so gut es geht, im Zaum zu halten.

Wir haben keinen Einfluss auf das, was wir erleben. Aber auf die Art und Weise, wie wir damit umgehen, darauf haben wir sehr wohl Einfluss. Wenn ich versuche, ins Handeln zu kommen, und die Situation bewusst gestalte, dann geht es mir schon allein deshalb besser, weil ich das Gefühl habe, selbstbestimmt zu agieren. Ich verlasse die Opferrolle.

Genauso wenig, wie wir für den Wind verantwortlich sind, der uns täglich aus ganz unterschiedlichen Richtungen ins Gesicht bläst, können wir verhindern, dass uns Gedanken umtreiben. Wir haben auch keinen Einfluss darauf, aus welcher Richtung der Wind kommt, ob er sich zu einem heftigen Sturm entwickelt oder ob er wie ein zartes Säuseln daherkommt. Doch wir haben durchaus Einfluss darauf, wie wir dem Wind begegnen oder ihn sogar für unsere Zwecke nutzen. Ob wir uns gegen die starke Brise auflehnen oder deren Kraft nutzen, beispielsweise indem wir unsere Segel setzen und mit dem Wind losschippern, um Land zu gewinnen – voranzukommen.

Letztlich geht es darum, wie sehr ich mich mit meinen Gedanken identifiziere. Ob ich permanent mit ihnen ringe oder die Energie besser dafür nutze, um mich in eine gute Richtung zu entwickeln. Auch wenn der philosophische Satz: »Ich denke, also bin ich«, weiterhin seine Berechtigung hat, ist da mehr: Denn ich bin nicht, was ich denke! Es sind nur Gedanken! Die Frage ist, wie ich auf sie reagieren kann, damit sie nicht die Herrschaft über mich und mein Verhalten übernehmen.

Es ist deshalb auch nicht schlimm, wenn in bestimmten Lebensphasen immer wieder Gedanken des Hasses oder der Eifersucht in mir emporsteigen. Es ist nur eine Aufforderung, mich damit zu beschäftigen. Und zwar auf eine Art und Weise, die mich gestärkt aus dem Umgang mit diesen Gedanken hervorgehen lässt. Das Gleiche gilt für unsere Gefühle.

Wir sind nicht verantwortlich für unsere Emotionen und das Entstehen der Gedanken, die uns umtreiben – wohl aber dafür, wie wir mit ihnen umgehen. Auch düstere Gedanken sind nur Gedanken und nicht du selbst. Es geht darum, mit den Leidenschaften und Emotionen, mit den Bedürfnissen und Gedanken friedlich zusammenzuwohnen. Zu wissen: Sie sind meine Hausgenossen. Ich kann sie nicht hinauswerfen, sie sind da, ob ich will oder nicht, sie sind ein Teil meines Lebens. Aber ich habe die Freiheit, zu entscheiden, wie ich mit meinen Hausgenossen umgehe. Fortwährend streiten oder friedlich zusammenleben?

Wenn ich dies verinnerlicht habe, hilft es mir dabei, mich dem Leistungsdruck zu entziehen, den andere auf mich ausüben. Wenn ich mich auf den Weg begebe, mir meiner selbst und meiner Bedürfnisse und Empfindungen bewusster zu werden, dann spielt Leistung eine untergeordnete Rolle – was nicht heißt, dass es weniger anstrengend ist.

Auf unserem Lebensweg werden wir immer wieder in bedrohliche Situationen kommen. Wenn wir vom Gewitter überrascht werden oder uns im Wald verlaufen, brauchen wir einen klaren Kopf, um die richtigen Entscheidungen zu treffen. Angst ist ein schlechter Ratgeber.

Doch wie können wir möglichst gelassen reagieren, wenn innerlich alle Zeichen auf Alarm stehen? Wir brauchen die Zuversicht, dass es am Ende gut ausgeht. Das Vertrauen in die eigenen Fähigkeiten und die Hoffnung, dass mir nicht mehr zugemutet wird, als ich ertragen kann.

Je bewusster ich mir meines Selbst bin, je mehr Vertrauen ich in mich und das Leben habe, desto unabhängiger bin ich von all den Dingen, die mir Angst einflößen können. In der Philosophie gibt es den Begriff der Eudämonie. Dieser Begriff beschreibt die innere Zufriedenheit jenseits von äußeren Faktoren. Je stärker ein Baum von äußeren Einflüssen, von Wind und Wetter beansprucht wird, desto stärker stellt er sich darauf ein, den Widrigkeiten des Lebens zu trotzen. Er bildet kräftige Wurzeln.

Von den Wüstenvätern können wir lernen, ganz bei uns zu bleiben. Es bewusst eine Weile lang nur mit uns selbst auszuhalten. Wir brauchen auch keinen bestimmten Ort zu suchen, an dem unsere Seele eine Heimat finden kann. Denn wir haben ihn längst gefunden – der Ort, den wir brauchen, ist genau dort, wo wir gerade stehen. Wenn wir merken, dass wir nicht endlos danach suchen müssen, sondern er bereits da ist, zieht das Glück bei uns ein. Hier und jetzt! Sobald wir lieben, was ist, verschwinden viele der Dämonen, die uns bislang in ihren Bann ziehen wollen.

Davon erzählt auch eine biblische Geschichte: Einmal ist Jesus mit seinen Anhängern auf den See Genezareth hinausgefahren, als ein Sturm aufkommt. Die Wogen schlagen hoch, alle bekommen es mit der Angst zu tun. Nur Jesus hat die Ruhe weg, er schläft. Man weckt ihn – und er gebietet dem Sturm Einhalt.

AUF DER SUCHE NACH DEM KICK

Für eher ängstliche Menschen ist es kaum zu glauben: Nicht wenige Menschen suchen sogar ganz bewusst den Nervenkitzel. Sie gehen Gleitschirmfliegen oder fahren mit einem Raftingboot oder einem Kajak einen Wildfluss hinunter. Andere klettern ohne Seil und Haken in einem Felsmassiv oder stürzen sich beim Bungeespringen an einem Gummiseil von einer Brücke in die Tiefe. Der Adrenalinkick, den sie dabei bekommen, elektrisiert alle Sinne und kann einen wahren Glücksrausch auslösen – wenn sie es schaffen, den Augenblick bewusst zu genießen. Und wenn nichts schiefgeht.

Ängste treiben uns an, schier Unglaubliches zu vollbringen.

Solange wir eine Situation vermeintlich unter Kontrolle haben, ist es schön. Läuft es aus dem Ruder, greift nicht selten eine lähmende Angst nach uns. Von einem Moment auf den anderen ändert sich dann die Lage, und unser Gefühlszustand schlägt von grenzenlosem Glücksgefühl in Panik um.

Wenn die Ängste außer Kontrolle geraten und sich aufstauen, werden sie für das Nervensystem zum Stress und rufen weitere Symptome hervor: Wir bekommen plötzlich einen trockenen Mund, die Arme sind kraftlos, und wir können unsere eigentlich vorhandenen Fähigkeiten nicht mehr abrufen.

In einem Artikel habe ich einmal darüber gelesen, dass ein Gleitschirmflieger vor lauter Stress für einen Moment vergessen hatte, dass er einen Notschirm auslösen kann, wenn es wirklich eng wird. Der Gedanke, ins Trudeln zu kommen und abzustürzen, treibt ihm die Schweißperlen ins Gesicht und die Fähigkeit zum Nachdenken aus den Synapsen. Dabei war es gar nicht nötig, den Schirm auszulösen. Er hatte die Situation unter Kontrolle. So etwas geschieht aber nicht nur in Momenten der Angst in Extremsituationen. Auch im Alltag zucken wir im letzten Moment vor dem nächsten Schritt zurück, als hätten wir plötzlich Angst vor der eigenen Courage. Das Unbekannte, das Neue – es erscheint uns bedrohlich und der lange geplante Schritt darauf zu nun doch nicht machbar. Unsere Gedanken an all das, was schiefgehen und was andere deshalb über uns sagen könnten, lähmen uns.

Wenn aus der Nebennierenrinde in einer stressigen Situation Adrenalin und Cortisol ausgeschüttet werden, führt dies dazu, dass ich mich – wenn das Ganze ein gewisses Maß übersteigt – irgendwann nicht einmal mehr bewegen kann. Dann bin ich starr vor Angst. Ein logischer Schutzmechanismus, der dazu dient, dass man sich als Wesen ganz still verhält, um mögliche Feinde zu täuschen. Etwas, was man auch aus der Tierwelt kennt. Wenn das Kaninchen vor dem Fuchs wegläuft, aber dann doch eingeholt wird, bleibt es irgendwo im Dickicht stehen und wartet ab. Es gibt natürliche Schutzmechanismen, quasi ein archaisches Notfallmanagement auf Stammhirnniveau, auf das wir gar keinen Einfluss haben. Reflexe und Instinkte, die körperliche Reaktionen nach sich ziehen.

Sympathikus und Parasympathikus werden als gegenpolige Nervensysteme als Folge von Gedankengängen aktiviert.

Menschen, die sich im Bett Gedanken über all das machen, was passieren könnte, kommen erst gar nicht mehr in den parasympathischen Zustand vollkommener Gelassenheit. Das hat die Schlafforschung herausgefunden. Allein der Gedanke an ein anstehendes schwieriges Gespräch in der kommenden Woche sorgt jetzt schon für Stress.

LIEBEN, WAS IST

Wenn mich innere Unruhe umtreibt, ist dies kein Grund zur Sorge. Sondern ich sollte mich fragen, was sie mir sagen möchte. Eine tiefgreifende Unruhe weist immer darauf hin, dass es in unserem Leben Themen gibt, um die wir uns kümmern müssen. Dass wir vielleicht so unruhig sind, weil wir uns noch nicht mit jemandem ausgesöhnt haben, obwohl dies nötig ist. Oder dass wir den Menschen, die uns verletzt haben, bislang noch nicht vergeben haben.

In unserem Innersten kommen wir vielleicht auch nicht zur Ruhe, weil wir unerfüllten Wünschen und Zielen nachjagen, die überhaupt nicht zu erreichen sind. Wir sollten mit all dem, was ist, Frieden schließen. Wenn ich im Frieden mit mir selbst bin, dann bin ich frei von der Macht anderer.

Dabei kann uns eine Übung helfen, die ich von Pater Anselm Grün gelernt habe. Sie beruht auf den Erfahrungen der frühen Wüstenväter. Es ist die sogenannte Türhüter-Übung, die sich auf ein Gleichnis Jesu bezieht (Mk 13,34–37). Dafür braucht es einen ruhigen Ort, an dem wir allein sein können. Dort suchen wir uns einen Platz, an dem wir bequem etwa eine halbe Stunde lang sitzen können. Wir atmen langsam ein und aus, begrüßen die Gedanken, die auftauchen und auf diese Weise, bildlich gesprochen, an unsere Tür klopfen. Jeden neuen Gedanken fragen wir freundlich: »Was willst du mir sagen? Welche Sehnsucht steckt in dir?

Möchtest du mich auf etwas aufmerksam machen, das ich bislang übersehen habe? Oder kommst du, um mir das Hausrecht streitig zu machen?«

Wenn der Gedanke ein Freund ist, dann unterhalte dich mit ihm und finde heraus, was er dir sagen möchte. Und wenn du den Eindruck hast, dass die Gedanken, mit denen du dich gerade beschäftigst, übermächtig sind, dass sie dich förmlich überschwemmen würden, wenn du ihnen Raum gibst, dann sollst du sie direkt fortschicken – die Tür verschließen. Dazu braucht es Übung. Und Entschlossenheit.

*

Gegenwärtig zu sein – darum geht es. Zu verhindern, dass wir mit unseren Gedanken abdriften – egal ob in die Vergangenheit oder Zukunft. Nach dem Motto: »Früher war es doch schöner …« oder »Wenn ich doch irgendwann endlich dieses oder jenes hätte, dann könnte ich …«. Beides hilft nicht weiter!

Um es mit uns selbst auszuhalten, müssen wir damit aufhören, uns zu bewerten. Wenn ich ständig darauf aus bin, gelobt zu werden, ist das nicht nur furchtbar anstrengend, sondern macht auf Dauer auch sehr unzufrieden. Dabei geht es nicht darum, sein Bedürfnis nach Lob vollkommen aufzugeben, sondern vielmehr darum, sich damit nicht zu identifizieren.

Schaue auf dich selbst, und vergleiche dich nicht mit anderen. Halte dich selbst aus, und stelle dich deinen Defiziten. Bei sich bleiben bedeutet, nicht auf die Fehler der anderen zu schauen, sondern sie als Spiegel zu betrachten, in dem ich mein Selbst erkennen kann. Über sich selbst lachen zu können, das ist so wichtig!

Achtsamkeit bedeutet, ganz in dem zu sein, was ich tue, und nicht bei dem, was ich mit dem Tun erreiche. Achtsamkeit setzt voraus, dass ich mein Handeln nicht verzwecke. Es geht nicht darum, etwas zu tun, sondern darum, einfach zu sein. Zwei Dinge berauben mich der Gegenwärtigkeit: das Hadern mit der Vergangenheit und die Angst vor der Zukunft.

Im Leben braucht es ein hohes Maß an Achtsamkeit und vor allem eine Verbindung zu sich selbst. Es mag paradox klingen – aber genau das geht vielen Menschen ab. Sie sind permanent dabei, die Außenwirkung ihres Handelns im Blick zu behalten, und überhören dabei die Signale ihres eigenen Körpers. Wie sich etwas für sie gerade tief im Inneren anfühlt. Ob sie ein positives Empfinden haben, dieses oder jenes zu machen oder zu lassen.

Dass wir eine Intuition dafür besitzen, was uns guttut und was nicht, ist eine wunderbare Eigenschaft. Wir müssen aber auch darauf hören … Wenn wir das Gefühl haben: »Mach das besser nicht …« – und es dann trotzdem tun, geht es oftmals schief. Immer wieder höre ich von Menschen, die kurz gezögert haben, bevor sie etwas Waghalsiges unternommen haben. Samuel Koch hatte ein seltsames Gefühl, bevor er bei *WETTEN DASS …?* über die fahrenden Autos sprang und sich das Genick brach. Seitdem ist er vom Hals abwärts gelähmt. Andere haben einen Kopfsprung ins Wasser gemacht und sich dabei schwer verletzt. Obwohl sie es schon oft geübt hatten, obwohl es immer gut gegangen war – in diesem Moment fühlte es sich für sie seltsam an. Sie sind trotzdem gesprungen und auf einem Stein gelandet, weil sich das Flussbett durch ein Hochwasser verändert hatte. Intuitiv spüren wir, dass etwas anders ist. Auf dieses Bauchgefühl, den siebten Sinn, diese Vorahnung, diese kurze gefühlsmäßige Sequenz, die innere Stimme, die Angst, die uns vor Schlimmem bewahren will, sollten wir unbedingt hören!

Es gibt auch Situationen, wo die Bedrohung ganz offensichtlich ist. Aber ich kenne viele Menschen, die trotzdem einfach nicht wissen, was sie tun oder lassen sollen, und deshalb andere um Rat fragen: »Sag du es mir doch.« Dabei haben sie nicht im Blick, dass eine zarte innere Stimme ihnen längst zugeraunt hat, was Sache ist.

Hinter der Entscheidungsschwäche steckt manchmal die fehlende Bereitschaft, für sein eigenes Leben Verantwortung zu übernehmen.

Keiner von uns möchte die Schuld an etwas haben. Aber egal, was wir tun oder lassen, jeder von uns macht sich immer wieder schuldig, jeder von uns leidet, und jeder von uns wird auch irgendwann sterben. Wir werden nicht um Schuld, Leid und Tod drum herum kommen.

Die anderen Menschen gegenüber empfundene Schuld ist ein Hemmnis auf dem Weg in die Freiheit. Die Angst: Ich werde mit meiner Schuld nicht fertig, ich habe mir etwas aufgeladen, das ich nicht bewältigen kann – sie lähmt uns. Oft bleiben solche Ängste auch im Unbewussten. Aber sie sind da und bremsen uns aus. Schuldgefühle verhindern, dass wir auf andere Menschen offen zugehen, weil wir vermeiden wollen, noch einmal in eine ungute Situation zu kommen – weil die Beziehung, in der wir lange gelebt haben, schuldbeladen endete.

Es ist befreiend, wenn mir mein Gegenüber vergibt. Aber ich muss mir auch selbst vergeben. Nur so können wir uns aus den Verstrickungen von Schuld befreien.

Häufig hängen wir auch in einer Endlosschleife von Wut, Trauer und Enttäuschung fest, weil uns andere verletzt haben und wir ihnen das nicht verzeihen können. Jedes Mal, wenn wir daran denken, kommen all die schrecklichen Eindrücke wieder hoch. Bilder, die uns zornig machen. Die Fragen: »Warum hat der andere mir das angetan?! Wie konnte er nur?«

Antworten gibt es oft keine. Es ist, wie es ist. Und die wiederkehrenden Fragen führen meist zu nichts. Dem anderen vergeben zu können ist der einzige Weg aus der Misere. Denn ansonsten bleibe ich ein Gefangener derjenigen, denen ich nicht vergeben habe. Eine Grundvoraussetzung für echte Freiheit ist es, vergeben zu können. Das habe ich selbst erfahren – indem ich einem meiner Entführer vergeben habe, der sich nach Jahren bei mir gemeldet hat.

*

Ob wir zu uns selbst gefunden haben oder nicht, können wir auch daran ablesen, ob wir den Drang dazu haben, immer wieder andere Menschen zu bewerten und für ihr Handeln zu verurteilen. Je mehr ich mit meinen Gedanken bei den anderen bin, desto deutlicher kommt zum Ausdruck, dass ich noch keine gute Verbindung zu mir selbst und meinem Innersten habe.

Denn wer dazu in der Lage ist, sich selbst mit all seinen Schwächen und Fehlern anzunehmen, der verspürt auch keinen Drang mehr, andere Menschen zu bewerten oder zu verurteilen. In dem Moment, in dem ich mich über andere Menschen erhebe, ist das ein sicheres Zeichen dafür, dass ich noch nicht zu mir selbst gefunden habe.

Wirklich frei sind wir dann, wenn wir den Erwartungen, Ansprüchen, Maßstäben und Urteilen anderer Menschen keine Macht mehr über uns geben. Es wäre auch mehr als schade, wenn wir vor lauter Angst vor Fehlern am Leben vorbeileben. Solange ich meine Identität von der Anerkennung und Bestätigung anderer abhängig mache, bleibe ich gefangen in deren Vorstellungen. Und es zermürbt mich, wenn ich mich auf Dauer über das definiere, was von außen an mich herangetragen wird.

Das gilt aus meiner Sicht auch für die Bewertung von Frömmigkeit. Bei manch einem frommen Menschen, der sich allzu sehr über andere empört und sie für ihr Handeln oder Unterlassen verurteilt, frage ich mich, aus welcher Quelle dieser Mensch eigentlich schöpft. Wer den Gott der Liebe als Maßstab sieht, der kann sich nach meinem Empfinden nicht über Andersgläubige erheben.

Ich glaube, es geht im Leben nicht darum, ein irgendwie geartetes spirituelles oder moralisches Ideal zu erfüllen – und auch nicht darum, Vorgaben zu erfüllen oder perfekt zu sein –, sondern vor allem darum, in unserem Körper eine gesunde Seele zu beherbergen. *Apatheia* beschreibt die Gesundheit der Seele, die innere Freiheit und eine bedingungslose Liebe. *Discretio* ist die Gabe der Unterscheidung.

Mir hilft der Glaube daran, dass ich bei alldem nicht ohnmächtig und alleine dastehe. Ich vertraue viel mehr darauf, dass ich die Kraft von Gott geschenkt bekommen habe, zu handeln und Probleme anzugehen. Dass ich mich befreit und geliebt wissen darf. Und dass ich so alle Hindernisse überwinden kann, die mich von einem guten Leben abhalten möchten.

Je bewusster ich mir meines Selbst bin, je klarer ich sehe, wie Gott mich gemeint hat, desto weniger anfällig bin ich für die Aussagen meiner Mitmenschen. Wenn sie mir übel mitspielen, über mich herziehen und mir drohen, kann ich weitgehend gelassen bleiben. Denn ich weiß, all das kann mir letztlich nichts anhaben. Es sind nur Worte und Gedanken. Alles, was uns von Gott und der Schöpfung mit auf den Weg gegeben worden ist, entspricht unserer wahren Natur. Das sind wir. Wir sind vollständig, aber nicht vollkommen. Das ist ein großer Unterschied. Vollkommenheit werden wir kaum erreichen. Aber das ist auch nicht entscheidend! Das Urvertrauen, das sich darin begründet, dass ich mich, so wie ich bin, geliebt und angenommen wissen darf, ist eine wichtige Grundlage für ein Leben im Einklang mit mir selbst.

*

Das Kloster ist für mich ein wichtiger Rückzugsort geworden. Und in der Stille finde ich inmitten eines turbulenten Lebens Ruhe. Gerade umtriebige Menschen wie ich haben dies in besonderer Weise nötig. Durch die Konfrontation mit dem »inneren Ich« ist ein Neubeginn möglich. Meditation ist dabei ein Schlüssel.

Sich in regelmäßigen Abständen im Alltag Ruhepausen zu gönnen, Zeit für uns selbst, hilft, den Schatten zu begegnen, die sich auf unsere Seele legen, wenn wir als »Getriebene« unterwegs sind. Indem ich mir immer wieder Zeit für mich selbst nehme und versuche, Probleme grundsätzlich positiv anzugehen, schleifen sich Verhaltensweisen ein, die zu Gewohnheiten werden. Gewohnheiten, die dazu dienen, dass das Leben gelingt.

Die Angst dabei als Teil des eigenen Lebens anzuerkennen, sie zu betrachten und mit in die Stille zu nehmen, ist etwas, was ich im Kloster von Pater Anselm und anderen gelernt habe.

365 Mal heißt es in der Bibel »Fürchte dich nicht«. Jeden Tag können wir uns diesen Zuspruch gönnen! Dies zu wissen tut gut!

18 // VERTRAUEN

Als meine Kinder bei uns zu Hause im Garten Volleyball gespielt haben, hat auf einmal eine heftige Windböe den Ball erfasst und in den nahe gelegenen See geweht. Dann ist er in einen Kanal getrieben, der durch das Nachbargrundstück führt. Dort standen auf der Wiese große Gallowayrinder mit Riesenhörnern und langem, zotteligem Fell. Das war meiner Tochter, die damals zehn Jahre alt war, und ihrer zwei Jahre älteren Schwester immer schon unheimlich.

Die beiden kamen zu mir und fragten: »Papa, kannst du bitte den Ball für uns holen?«

»Ja, das könnte ich«, habe ich geantwortet, »... aber ich mache es nicht. Ihr könnt das Problem ruhig selbst lösen. Geht zu unserem Nachbarn, klingelt und fragt höflich, ob ihr kurz euren Ball von seiner Wiese aus holen könnt.«

»Nein, das trauen wir uns nicht«, sagten die beiden wie aus einem Mund.

Ich habe mich dennoch nicht davon abbringen lassen, dass sie den Ball selbst suchen, weil ich es wichtig fand, dass die Kinder so etwas alleine regeln können. Und dann haben die beiden sich tatsächlich ein Herz gefasst und sind losgezogen. Meine Frau und ich saßen am Küchentisch und haben das Ganze neugierig durchs Fenster beobachtet. Unserer Tochter hatte ich einen Kescher mitgegeben, um den Ball aus dem Kanal herauszufischen.

Irgendwann sahen wir sie und den Landwirt auf der Wiese,

wie sie gerade zusammen versuchten, das vermisste Teil aus dem Wasser zu holen. Schließlich hatten sie Erfolg, und unsere Kinder kamen freudestrahlend zurück. Man hat direkt gemerkt: Ihr Selbstbewusstsein ist gewachsen, weil sie die Situation gemeistert haben.

Es braucht die Möglichkeit, sich auszuprobieren, sich auch einmal aus schwierigen Situationen selbst hinauszumanövrieren und so die eigenen Fähigkeiten unter Beweis zu stellen. Dass wir unseren Kindern etwas zutrauen, ihnen unser Vertrauen schenken, das ist die Voraussetzung dafür, dass wesentliche Entwicklungen überhaupt erst in Gang kommen.

Denn nur wenn ich ein gutes Selbstvertrauen habe, kann ich gelassen mit unvorhergesehenen Ereignissen umgehen. Dann wenn ich mir meiner Fähigkeiten bewusst bin, kann ich Krisen bestehen.

Wo Unsicherheit das vorherrschende Gefühl ist, wird es schwierig. Vertrauen entsteht aufgrund einer guten Erfahrung, die ich mache.

Was es braucht, ist ein wenig Mut, die Bereitschaft, ein kleines Risiko einzugehen. Den nächsten Schritt zu wagen und so voranzukommen. Aus der positiven Erfahrung erwächst die Kraft dazu. Und aus dem im Kleinen Erprobten werden gute Gewohnheiten, die uns später im Leben helfen, wenn es einmal komplizierter wird.

Oftmals zögern wir, Neuland zu betreten. Aber abzuwarten oder gar etwas längere Zeit auszusitzen bringt uns nicht weiter. Wir müssen uns entscheiden.

Die Angst vor der Entscheidung liegt häufig an der Angst davor, einen Fehler zu begehen. Ja, von zehn getroffenen Entscheidungen sind vielleicht sechs oder acht falsch. Aber die richtigen Entscheidungen bringen uns voran. Das habe ich schon häufig erlebt: Denn wenn keine Entscheidung getroffen wird, dann entsteht ein Vakuum. Und das wird immer gefüllt mit irgendetwas, was wir dann nicht mehr beeinflussen können.

SCHLÜSSEL FÜR EIN GELINGENDES LEBEN

Vertrauen – Selbstvertrauen, das Vertrauen in andere und ins Leben an sich sind die wesentlichen Schlüssel für ein gelingendes Leben. Das habe ich für mich selbst immer wieder erfahren.

Das Gefühl aufkommender Angst habe ich irgendwann für mich mit der Hoffnung auf eine daraus entstehende Entwicklung verknüpft. Die Frage: »Was wird mir dadurch möglich?«, führt unmittelbar zu einem stärkeren Vertrauen – in dem Moment, wo aus dieser Möglichkeit Wirklichkeit wird.

In dem Moment, in dem ich Angst empfinde, entsteht seitdem in mir gleichermaßen die Hoffnung auf persönliches Wachstum. Diesen »Switch« habe ich inzwischen derart verinnerlicht, dass er zu einer guten Gewohnheit geworden ist.

Dankbar erinnere ich mich an viele gute Erfahrungen, die mich auf meinem Weg bestärkt haben. Und ich nehme wahr, was mir alles gelungen ist. Gleichzeitig weiß ich, dass vieles, was sich ereignet, nicht mein Verdienst ist. Erfolge haben sich eingestellt, weil viele dazu beigetragen haben. Begegnungen mit anderen Menschen – sie machen mein Leben reich. Und sie sind ein Geschenk. Wenn ich dies so wahrnehme, dann fällt es mir auch leichter, das eine oder andere wieder loszulassen, wenn die Zeit dafür gekommen ist.

19 // JEDEN AUGENBLICK ALS MÖGLICHKEIT BEGREIFEN

Häufig bringen wir den Begriff Hoffnung in Verbindung mit etwas, was in der Zukunft liegt. Aber der Grund der Hoffnung liegt im Hier und Jetzt, in jeder Begegnung. Das ist uns nicht immer bewusst, und wir verlieren vielleicht auch häufiger den Blick dafür, weil wir mit unseren Gedanken fortwährend in der Vergangenheit hängen bleiben oder in die Zukunft schweifen.

Wenn ich auf mein bisheriges Leben zurückschaue, sind es letztendlich immer die Begegnungen mit Menschen gewesen, die für mich wegweisend waren. Menschen, die mir Mut gemacht haben, den nächsten Schritt zu wagen. Die mich dazu aufgefordert haben, genauer hinzuhören, tiefer zu blicken, die Perspektive zu wechseln. Flüchtige Bekannte, die zu Freunden wurden, weil wir gemerkt haben, dass wir die Begeisterung für etwas teilen, was Sinn macht. Auch diejenigen, die beiläufig etwas erwähnt haben, ohne zu wissen, was sie letztlich damit bei mir auslösen. Ich denke an den Extremsportler Hubert Schwarz, den ich bei einem Vortrag in Berlin kennengelernt habe. Mehrfach hat er das Race Across America gemeistert, ein jährlich ausgetragenes Radrennen, das von der Westküste der Vereinigten Staaten zur Ostküste verläuft – über eine Distanz von rund 5000 Kilometern. Der erste deutsche Finisher überhaupt! Und das bei einer Gesamthöhendifferenz von rund 52 000 Metern! Seit mehr als zwei Jahrzehnten begleitet er Gruppen auf den Gipfel des Kilimandscharo. Ich bin beeindruckt, als Hubert Schwarz davon berichtet, wie er Menschen, die alle über 60 Jahre alt sind, monatelang darauf vorbereitet, den höchsten Berg Afrikas zu besteigen. Und am Ende schaffen sie es, auf dem Gipfel anzukommen! Als ich die Bilder der Tour sehe, wird mir klar, dass ich gerade die Antwort auf eine Frage gefunden habe, die mich lange Zeit umgetrieben hat. Wie es gelingen könnte, dass junge Menschen ein gesundes Selbstvertrauen entwickeln und bisherige Verhaltensmuster überwinden. Plötzlich weiß ich: »Das ist es!«

Zwei Jahre später besteige ich mit jungen Auszubildenden meines Unternehmens den Kilimandscharo …

Wenn wir uns einmal näher mit den Entwicklungen in unserem Leben befassen, werden wir feststellen, dass es oft solche eher zufälligen Begegnungen waren, die zum Auslöser für etwas Größeres wurden. Und wir hatten kaum Einfluss darauf, die Voraussetzungen zu schaffen. Es waren im Wesentlichen die Menschen, die uns begegnet sind, die uns auf die Sprünge geholfen haben, den nächsten Schritt zu machen. Sie hatten einen starken Einfluss auf uns, wenn wir dafür offen waren.

In Afrika bin ich Jahre später bei einer Tour einem kleinen Mädchen begegnet, es stand vor einer Schule in Ruanda, als ich dort mit Mitarbeitenden meines Unternehmens war. Das Mädchen war etwa zehn Jahre alt, hatte einen kahl geschorenen Kopf und trug als Kleidung nur ein paar armselige Fetzen. Ich habe sie gefragt: »Was willst du später einmal werden?«

Sie hat mir in die Augen geschaut und ohne zu zögern gesagt: »Ich will eine Ärztin werden.«

Ich fragte weiter: »Wieso willst du das?«

Und das Mädchen antwortete: »Weil meine Mutter krank ist, dann kann ich ihr helfen.«

Das afrikanische Lebensgefühl Ubuntu spiegelt sich in dem Satz: »Ich bin, weil du bist.« Und diese eine Begegnung mit dem kleinen Mädchen ist tatsächlich der Grund dafür, dass wir bei uns im Unternehmen angefangen haben, diese afrikanische Lebensphilosophie Ubuntu zu kultivieren.

Niemand hätte im Vorfeld geahnt, dass dieser Tag den entscheidenden Impuls für eine Veränderung unserer Unternehmenskultur mit sich bringen würde. Es war nicht absehbar, was diese Begegnung letztendlich in mir auslöst. Und wenn ich in diesem Moment nicht ganz gegenwärtig gewesen wäre, hätte ich vielleicht auch gar nicht wahrgenommen, was für eine Kraft in diesem Augenblick in der Begegnung lag.

Die Saat ist auf fruchtbaren Boden gefallen, und daraus ist etwas total Wertvolles entstanden: der kulturelle Wandel unseres Unternehmens. *Ubuntu* fordert uns dazu auf, auf diese Verbundenheit zwischen uns Menschen zu achten, damit es allen gut geht. Diejenigen, die mit ihren Mitmenschen wertschätzend umgehen und in Frieden leben, werden selbst auch inneren Frieden finden und Wertschätzung durch andere erfahren. Eine sehr wichtige Botschaft im Ubuntu lautet: Erkenne dich selbst in deinem Gegenüber.

Wir können nicht darüber verfügen, was sich entwickelt und ereignet. Das ist einerseits großartig, weil uns das Unerwartete immer wieder zum Staunen bringt. Aber dass wir merken, dass wir vieles ohnehin nicht selbst in der Hand haben, entlastet uns auch von einem Erwartungsdruck. In jeder Begegnung liegt die Chance, dass aus ihr heraus etwas entsteht, was mich oder andere Menschen weiterbringt.

Ich denke an einen Versicherungsvertreter, der mir 2009 beiläufig während eines gemeinsamen Mittagessens von einem Schulbauprojekt in Nordafrika berichtete. Ich war berührt von dem, was er mir erzählte. Sicherlich hatte ich auch schon vorher von Entwicklungshilfeprojekten in Afrika gehört. Aber dieses Mal spürte ich: An dieser Stelle bin ich gefragt. Und ich habe diesen Gedanken mit zunehmendem Interesse weiterverfolgt und mich mit Reiner Meutsch getroffen, dem Initiator der Aktion *Fly & Help,* der sich mit seiner Stiftung an vielen Orten der Erde für den Bau von Schulen einsetzt. Wie in einem Mosaikbild hat sich Steinchen zu Steinchen gefügt, und am Ende ist etwas Großes entstanden. Unter der Überschrift »Herzensangelegenheiten« haben wir uns als Unternehmen eingebracht, um Kindern in Ruanda mit einer guten Schulbildung die Grundlage für ein selbstbestimmtes Leben zu schaffen. Zahlreiche Mitarbeiterinnen und Mitarbeiter haben sich von der Begeisterung, die ich mitbrachte, anstecken lassen. Seit zehn Jahren werden in den Hotels und Servicebüros der Ferienwohnungen mit großer Unterstützung unserer Gäste Spendengelder für den Bau der Schulen in Ruanda gesammelt. Eine Schule in Murambi war unser erstes Projekt. Im Herbst 2015 erfolgte die Fertigstellung von drei Klassenräumen und einer Regenwasserzisterne. Gemeinsam mit den Kindern und Lehrern wurde die Einweihung im Februar 2016 gefeiert. In dieser Grundschule gehen seitdem täglich fast 1900 Schüler in 28 Klassenräumen zur Schule und werden dort von drei Dutzend Lehrern unterrichtet. Um allen Kindern den Unterricht zu ermöglichen, besucht ein Teil der Kinder am Vormittag und ein Teil am Nachmittag die Schule.

In diesem Jahr haben wir die neunte Schule eingeweiht. Als ich dem Versicherungsvertreter irgendwann erzählt habe, was unser Gespräch ausgelöst hat und wie viele gute Projekte seitdem unterstützt werden konnten, ist der Mann aus allen Wolken gefallen.

Das Gleiche gilt für die Redakteurin, die mir im Jahr 2011 das Hörbuch »Spirituell führen« von Friedrich Assländer und Pater Anselm Grün empfohlen hat. Ich habe mir das Hörbuch besorgt, war fasziniert und habe mich zu einem Seminar im Kloster Münsterschwarzach angemeldet. Dies hat maßgeblich dazu beigetragen, dass sich mein Leben seitdem komplett verändert hat. Das gesamte Unternehmen hat sich in den folgenden Jahren neu ausgerichtet. Der Upstalsboom-Weg ist entstanden, aus einem kleinen Samenkorn ist ein großer Baum gewachsen.

Wer weiß, was die nächste Begegnung in deinem Leben auslöst, wenn du dafür offen bist? Oder im Leben eines anderen Menschen, den du triffst?

Wir schreiben unsere Geschichte nicht alleine. Es sind viele, die daran mitschreiben. Und immer wieder gibt es dabei neue Aufbrüche, Momente der Hoffnung. Wenn wir den

Nachbarn spontan in den Arm nehmen, weil er Angst hat, kann dies dazu beitragen, dass die Welt ein wenig heller wird. Wie gut ist es, sich an verschiedenen Stellen einzubringen und aufzustehen. Zu sagen: »Ich mache es einfach.« Vielleicht tun wir genau das Gegenteil von dem, was erwartet wird. Aber wenn wir es nicht wagen, entsteht auch nichts Neues.

Ich glaube, dass wir unter Berücksichtigung dessen, was uns und anderen an Fähigkeiten zur Verfügung steht, immer wieder versuchen sollten, eine kluge Antwort auf die Fragen zu finden, die uns das Leben gerade stellt. Was ist im Moment, gerade jetzt, das Sinnvollste, was ich tun kann?

Václav Havel, ein tschechischer Menschenrechtler und Politiker, hat seiner Zuversicht folgende Worte gegeben: »*Hoffnung* ist *nicht* die Überzeugung, *dass* etwas *gut ausgeht*, sondern die Gewissheit, *dass* etwas Sinn macht, egal, wie es *ausgeht.*«

Letztlich geht es immer um die Sinnfrage. Wenn der empfundene Sinn im Leben größer ist als die Angst oder die eigene Unlust, dann empfinden wir das Dasein trotz aller Herausforderungen, denen wir uns stellen müssen, als glücklich.

Hoffnung hilft uns, mit dem schier Unerträglichen klarzukommen. Wir sollten nicht der Macht der Angst verfallen. Das hilft nichts. Wir können das Dunkle nicht vermeiden – aber wir können in der Dunkelheit ein Licht entzünden, damit es auf der Welt ein wenig heller wird. Jeder von uns kann das. Es liegt in unserer Hand, das Licht, die Liebe weiterzugeben.

Viktor Frankl spricht von der Trotzmacht des Geistes.

In der Psychologie spricht man von Energie, die fließt, indem ich meine Aufmerksamkeit auf etwas richte.

WAHRNEHMUNG

Epiktet sagt: »Wohin du deine Aufmerksamkeit richtest, bestimmt, wer du wirst. Wenn du nicht selbst bestimmst, mit welchen Gedanken und Bildern du deinen Kopf füllst, werden es andere für dich bestimmen.« Das verdeutlicht auch diese Weisheitsgeschichte: Ein Indianer besuchte seinen weißen Bruder in der Großstadt. Als sie durch die lauten Einkaufsstraßen spazierten, blieb der Indianer plötzlich stehen und horchte auf. »Ich höre irgendwo eine Grille zirpen.«

Der Weiße lachte. »Das ist unmöglich, ihr Geräusch würde in diesem Lärm untergehen.« Und der Indianer ging zu einer Wand, die ganz mit Efeu bewachsen war, und fand zwischen den Blättern eine große Grille. »Ihr Landbewohner habt eben ein besseres Gehör«, sagte der Weiße. Der Indianer erwiderte: »Nein, es lag an etwas anderem.« Er nahm eine kleine Münze aus seiner Tasche und warf sie auf den Boden. Ein leises Pling erklang. Selbst die Passanten, die mehrere Meter entfernt standen, drehten sich augenblicklich um und schauten in Richtung der Münze. »Siehst du«, sagte der Indianer, »es liegt nicht am Gehör. Was wir wahrnehmen, liegt ausschließlich an der Richtung, in die wir unsere Aufmerksamkeit wenden.« Es geht um Gegenwärtigkeit. Das Hier-und-jetzt-Sein. Verbundenheit unabhängig von der

Leistung, die jemand bringt. Wenn wir in der Wildnis unterwegs sind, dann spielt das alles keine Rolle. Dann sind wir mit dem wenigen, was wir haben, auf uns gestellt. Wir sind ein Teil der Schöpfung.

Es gibt jede Menge Möglichkeiten, richtig gute Chancen für eine positive Entwicklung, die wir leider verpassen – weil wir nicht aufmerksam sind. Weil wir derart viel um die Ohren haben, dass wir nichts von dem mitbekommen, was uns unser Gegenüber gerade erzählt.

Wir leiden an Zeitdruck, Hektik, dem ewigen Multitasking im Job und auch zu Hause – alles purer Stress. Viele haben Konzentrationsstörungen, fühlen sich überlastet, sind nervös. Erschöpfung, Sorgen und Ängste nehmen zu.

*

Viele haben Angst, etwas zu versäumen oder den Ansprüchen, die an sie gestellt werden, nicht zu genügen. Manche Menschen erzählen mir, dass sie das Gefühl haben: »Wenn ich das jetzt nicht mache, dann verpasse ich etwas, was ich nie mehr nachholen kann.« Und das setzt sie unheimlich unter Druck, sich zu entscheiden und möglichst viel mitzumachen, nur um dabei zu sein. Sie nehmen deshalb quasi jede Chance wahr, jede Einladung an, machen jede Mode mit – und kommen total in Stress, weil es letztlich natürlich viel zu viel ist. Jedenfalls mehr, als ihnen guttut. Die Angst, etwas zu versäumen, ist ein totaler Antreiber.

Frauen, die schon 24 Paar Schuhe in allen Regenbogenfarben zu Hause haben, sehen im Laden ein Paar superschicke, hochhackige Schuhe und wissen sofort: *Die* muss ich haben!

Es gibt viele, die immer irgendwie dem neuesten Trend hinterherjagen. Letztes Jahr haben sie sich beispielsweise ein topaktuelles Fahrrad gekauft, das ist aber jetzt schon nicht mehr State of the Art. Inzwischen gibt es etwas Neues, das viel cooler ist. Und das brauchen sie jetzt auch sofort, und zwar zwingend. Da ist die Lust, immer das Schönste und das Beste zu haben – damit alle sagen: »Oh, du hast schon das Neue …« Und man selbst sagt sich: »Ja, das bin ich mir wert. Das kann ich mir leisten. Ich kaufe mir das.«

Ich weiß auch von Menschen, die kein zweites Mal an den gleichen Ort in Urlaub fahren, sondern immer ein neues Reiseziel ins Auge fassen. Dass wir immer wieder auf der gleichen Insel Urlaub machen, können sie nicht verstehen. Sie sagen: »Das Leben ist so kurz. Ich bin jetzt schon Ende fünfzig. Wer weiß, wie lange ich noch reisen kann. Nächstes Jahr reise ich in die USA, danach auf die Malediven, und Costa Rica steht auch noch auf der Wunschliste.«

Dem kann ich nichts abgewinnen. Das hängt sicherlich auch mit meiner Todeserfahrung zusammen. Seit den schrecklichen Tagen in der Hand der Entführer plane ich nicht allzu weit in die Zukunft und habe auch nicht den Eindruck, dass ich dieses oder jenes noch unbedingt erleben muss. Von solchen Zwängen fühle ich mich irgendwie ein Stück weit geheilt.

Wenn mir ein reicher Unternehmer sagt: »Herr Janssen, ich habe ein großes Ziel. Ich will mir noch eine 24-Meter-Jacht kaufen, die kostet eine Dreiviertelmillion. Das Geld habe ich noch nicht ganz beisammen, aber die Jacht habe ich schon bestellt. Nun muss ich zusehen, dass ich bis zum Jahresende noch ordentlich Gewinn mache.« Das kann ich so stehen lassen. Aber meine Welt ist es nicht, auch wenn ich vermutlich das Geld für eine Jacht zusammensparen könnte.

Aber ich lebe nicht, weil ich irgendetwas noch mein Eigen nennen will, sondern ich bin dankbar für das, worüber ich hier und jetzt verfüge. Und ich freue mich mehr über das, was ich sehe, als über das, was ich besitze. Besitz und Vermögen sind auch ein unheimlicher Ballast.

Was ich aber durchaus kenne, ist der Impuls, das eigene Leben vollzupacken. Immer wieder zu denken: »So, das geht noch.« Wenn ich schon länger eine Geschäftsreise geplant habe und dann noch eine Anfrage bekomme, ob ich kurz zuvor oder direkt danach irgendwo einen Vortrag halten kann – dann denke ich manchmal: »Ach, das passt da noch irgendwie mit rein, das geht noch.«

Auch die Wüstenväter sprechen dieses Thema in ihren Texten an: »Das Nicht-genug-bekommen-Können …«

Einmal bin ich von einem Unternehmen gefragt worden, ob ich einen Vortrag in Vietnam halten könnte. Ich würde in der ersten Klasse mit dem Flugzeug an- und abreisen, ein schickes Hotel ist gebucht, und man würde mir für die gesamte Reisezeit ein Honorar bezahlen. Die Anfrage vermittelte mir damals das Gefühl der Bedeutsamkeit und Wichtigkeit. Denn wenn ein Unternehmen derart viel Geld in die Hand nimmt, nur damit ich einen einzigen Vortrag halte, dann bin ich denen total wichtig. Und das hebt natürlich das Selbstwertgefühl …

Aus welcher Quelle schöpfe ich – aus einer trüben oder aus einer klaren? Die trübe Quelle steht für mich für das verletzte Ego mit dem riesigen Bedürfnis nach Liebe und Anerkennung und zahlreichen Schutzstrategien. Und die klare Quelle ist die des Heiligen Geistes, wenn ich aus dem Vertrauen auf das Göttliche heraus lebe. Wenn ich daraus schöpfe, bleibe ich in meiner Kraft.

In dem Moment, wo ich erschöpft bin, erkenne ich hoffentlich, dass ich permanent aus der falschen Quelle schöpfe – indem ich über meine Grenzen gehe, das rechte Maß aus den Augen verliere – immer um der Sehnsucht nach Anerkennung und Liebe zu folgen, die ich doch nie stillen kann.

Achtsamkeit und Disziplin können mich davor bewahren.

Wir können uns vornehmen, zukünftig vor allem das zu tun, was unserem Wesen entspricht, unserer wahren Natur, der wir gerecht werden wollen. Und dass wir aufhören, Dinge bloß wegen der Anerkennung zu tun, die wir dafür bekommen. Das hilft uns, in unserer Kraft zu bleiben.

*

Wenn wir unser Wohlbefinden davon abhängig machen, dass all unsere Wunschvorstellungen in Erfüllung gehen, werden wir enttäuscht werden. Denn eins ist so sicher wie das Amen in der Kirche: Wir werden die Welt, in der wir leben, nie vollständig unseren Wünschen entsprechend gestalten können. Wer darauf vertraut und seine innere Zufriedenheit von seiner Wunschwelt abhängig macht, der hat schon verloren, vor allem die Lebensfreude. Dafür haben wir einfach zu wenig Einfluss auf das, was um uns herum geschieht.

Es geht also um die Frage, wie ich mein körperliches und seelisches Wohlbefinden möglichst unabhängig von äußeren Einflüssen entwickeln und bewahren kann.

Wie schön wäre es, jeden Tag ein bisschen freier von den Meinungen anderer zu leben, sich von dem Zwang zu lösen, sie immerzu mit meinen Taten und meinem Besitz beeindrucken zu wollen. Denn dann hätten ganz viele Menschen plötzlich gar keine Macht mehr über mich.

*

Leo Tolstoi erzählt in seiner Geschichte »Wieviel Erde braucht der Mensch« von dem Bauern Pachom, dem versprochen wird, dass er das Land kaufen kann, das er an einem Tag umrundet. Pachom rennt und rennt, überschätzt sich und seine Kräfte völlig und stirbt am Ende vor Erschöpfung. Sein Knecht nimmt die Hacke, gräbt ihm ein Grab – sechs Ellen lang – so viel, wie er mit seinem Körper bedeckt.

Die Geschichte ist eine Art Gleichnis, in dem es um den Preis für unsere Maßlosigkeit geht – und um die Angst, nicht weit genug zu kommen. Die Frage: Welchen Preis bin ich bereit zu zahlen?

Jesus erzählt das Gleichnis vom reichen Kornbauern (Lk 12,15–21), der noch größere Scheunen baut, um die Ernte und all seine Vorräte unterzubringen und sich auf diese Weise für die Zukunft abzusichern. Man könnte meinen: »Der Mann macht alles richtig, er sorgt vor.« Aber es kommt anders: Gott sagt zu ihm: »Du Narr! Diese Nacht wird man deine Seele von dir fordern; und wem wird dann gehören, was du angehäuft hast?«

Seine eigene Grabrede zu schreiben ist eine gute Übung, um sich bewusst zu machen, auf was es wirklich ankommt. Eine Einladung, dem nachzuspüren, was für mich erwähnenswert wäre. Sind es meine beruflichen Erfolge? Die jährlich steigenden Umsatzzahlen, der Grad der Mitarbeiterzufriedenheit?

Was würden meine Arbeitskollegen und Mitarbeiterinnen über mich sagen? Und was meine Freunde und Bekannten?

»Bodo Janssen hat immer viel gearbeitet«?

Oder: »Stets war er hart gegen sich selbst – aber auch konsequent im Handeln«?

Wäre es das, was von meinem Leben bleiben soll?

Ist nicht meine Familie viel wichtiger als alle Erfolge, die ich feiern konnte?

Meine Frau und meine Kinder, das Glück, das wir zusammen erlebt haben …

*

Wir alle wünschen uns ein Leben, in dem wir uns nicht verstellen müssen, sondern so sein dürfen, wie wir sind. Ein Leben zu leben, das unserer wahren Natur und Persönlichkeit entspricht – im Einklang mit uns selbst, geprägt von innerer Ruhe, Gelassenheit und Freiheit. Und eben nicht von den Vorstellungen anderer bestimmt.

Gerade in den letzten Monaten erlebe ich in meinem Umfeld eine immer größer werdende Sehnsucht, aus dem Hamsterrad, dem ganz alltäglichen Wahnsinn auszubrechen. Vielen ist es einfach zu viel, was ihnen aufgebürdet wird. Viel zu viel. Sie fühlen sich wie Marionetten, deren Fäden an Mails, Onlinekonferenzen, Besprechungen und Verpflichtungen aufgehängt sind. Menschen, die darunter leiden, dass sie von Wichtigtuern, Neidern oder undankbaren Spinnern umzingelt sind. Menschen, die ihnen die Energie zum Leben rauben. Wie schön wäre es, wenn wir die Fäden, die uns in Zwängen festhalten, durchtrennen könnten. Wenn wir Fähigkeit und Gewohnheiten entwickeln würden, die uns von dem immer stärker werdenden Druck befreien.

Nicht ängstlich auf die Zukunft zu schauen, sondern ganz im Hier und Jetzt zu sein. Die Welt wieder mit den Augen eines Kindes zu sehen. Ein Leben zu führen, das nach keiner Steigerung verlangt, voller Unbekümmertheit und unverstellter Freude am Dasein.

Wenn du von Traurigkeit und Unruhe beherrschst wird, wenn du dich vor dem Morgen fürchtest, dann versuche, herauszutreten aus dem ganzen Getriebensein. Suche dir einen Rückzugsort, an dem du in Ruhe nachdenken kannst, oder versuche, dich einer Beschäftigung hinzugeben, eine heilsame Unterbrechung im Alltag zu schaffen.

20 // HÖRT DENN DIE KRISE NIEMALS AUF?

Wir sind mittendrin in einem gewaltigen Umbruch, in einer Situation, die wir zumindest in Deutschland seit 1947/48 nicht mehr kannten. Und das macht uns verständlicherweise auch immer wieder Angst. Ja, es gab in den 70er-Jahren eine Ölkrise. Aber auch das ist schon sehr lange her. An die Ölkrise haben sich viele erst wieder erinnert, als 2022 das Gas knapp wurde.

Bundeskanzler Olaf Scholz sprach in seiner Rede vor dem Deutschen Bundestag zu Beginn des Kriegs in der Ukraine mit Blick auf die Sicherheitspolitik von einer »Zeitenwende«. Mit diesem Wort traf er den Nerv vieler. Es ist wirklich eine Zeitenwende, weil mehr und mehr Menschen klar wird, dass Krisen die neue Normalität sind und wir sie auch nicht vermeiden können.

Die Wahrscheinlichkeit, dass bestehende Bedrohungen weiter eskalieren, ist groß. Die Auswirkungen des Klimawandels werden stärker, daraus entstehen auch weltweite Konflikte. Überschwemmungen und extreme Dürre führen zu Ernteausfällen, sauberes Wasser wird knapp, auch andere Rohstoffreserven auf der Erde sind endlich. All das wird Konsequenzen für unser eigenes Leben haben. Die meisten Menschen sind sich dessen nur noch nicht im täglichen Tun wirklich bewusst.

Es wird in vielen Fällen keine wirklichen Lösungen und Antworten geben. Sondern es geht nun vor allem darum, einen guten Umgang mit der Angst und unseren Fragen zu finden.

*

Angst treibt manchmal seltsame Blüten. In der Zeitung las ich: Der Verkauf von strombetriebenen Heizlüftern ist im vergangenen Jahr sprunghaft angestiegen. Allein in den Monaten Juli und August wurden – so berichtete das *Handelsblatt* mit Bezug auf das Daten- und Analytik-Unternehmen GfK in Deutschland – 358 000 neue Geräte verkauft. Insgesamt gingen von Januar bis August rund 958 000 Geräte über die Ladentische – 76 Prozent mehr als im Jahr zuvor.[13] Energieversorger warnten, kurz nachdem diese Meldung durch die Presse ging, die Käufer, diese Geräte im Herbst anzuschalten, weil es sonst zu einem totalen Stromausfall kommen könnte, wenn man versucht, Wohnungen auf diese Weise zu beheizen. Außerdem könnte der massenhafte Einsatz der elektrischen Heizlüfter die Gasmangel-Lage noch verschärfen – denn der Strom zum Betrieb der Geräte müsste ja auch irgendwie erzeugt werden.

Die Angst, im Winter in einer eiskalten oder nur schwach beheizten Wohnung zu sitzen, trieb und treibt viele um. Und wer mitbekommt, dass sich die Nachbarn gerade ein Gerät angeschafft haben, kommt ins Grübeln, ob er selbst keinen Fehler macht, wenn er sich nicht ebenfalls auf diese Weise für alle Fälle vorbereitet.

Aber was wir auch tun, wie gut wir uns auf irgendeinen Notfall, der eintreten könnte, vorbereiten – die Zeit der

Gewissheiten ist vorbei. Beispielsweise die Gewissheit, dass wir jederzeit und überall in Deutschland das kaufen können, was wir gerade brauchen. Oder die Gewissheit, dass es im Winter in unseren Wohnungen warm ist. Und auch die Gewissheit, dass alles so bleibt, wie es war. Lange Zeit war klar, dass die Mehrheit der Deutschen, die genügend kaufkräftig ist, alles haben kann. Die Regale in den Supermärkten quollen über, und man war enttäuscht, wenn trotz einer drei Meter breiten Auswahl an Produkten die Lieblingssorte gerade einmal nicht verfügbar war. In der Anfangszeit der Pandemie waren die Regale dann plötzlich leer, bestimmte Artikel über Wochen immer wieder ausverkauft, nicht verfügbar. Und als der Krieg in der Ukraine begann, wurde auch hierzulande manches plötzlich knapp – oder wesentlich teurer.

Unser Lebensgefühl ist zutiefst verunsichert worden. Und das erzeugt Leid. Der Glaube, die Welt sicher gestalten zu können, ist erschüttert. Es ist auch nicht absehbar, wie es weitergehen wird. Das macht uns Angst. Wir versuchen, uns auf alle möglichen Szenarien vorzubereiten. Sicherheitskräfte üben den Notfall, beispielsweise einen totalen Stromausfall, den gefürchteten »Blackout«. Uns wird deutlich, dass dann fast nichts mehr funktioniert, was wir zum Leben brauchen, und Improvisation angesagt ist. Behörden raten, zu Hause einen Lebensmittel- und Wasservorrat anzulegen, weil bei einem Stromausfall weder die Pumpen in den Wasserwerken noch die Kassen in den Märkten funktionieren. Geschweige denn die Computer, die die Warenströme lenken. Was das alles bedeutet, ist für uns kaum absehbar. Das Gedankenkarussell kreist und kommt zu keiner Lösung.

Angst ist etwas ganz Ursprüngliches und Wichtiges für den Menschen. Wir müssen unterscheiden zwischen der Angst, die unseren Gedanken und Vorstellungen entspringt, und echten, unmittelbaren Bedrohungen.

Von dem Gedanken, dass der Staat alles für uns regeln kann und wird, müssen wir uns verabschieden. Das wird der Staat nicht alles leisten können, nicht bei den ganzen Problemen, die sich gerade auftürmen. Und ich glaube, dass alles, was wir in den letzten Jahren erfahren haben, sowohl die Pandemie und deren Auswirkungen als auch der Ukraine-Krieg und seine Folgen (wer weiß, was noch alles kommt …), der Menschheit dabei hilft, nach und nach aufzuwachen.

Der fortschreitende Klimawandel macht deutlich: »Ihr könnt nicht weiterhin ohne Rücksicht auf Verluste alle Ressourcen aufbrauchen, die eigentlich noch für die nächsten Generationen gebraucht werden – ihr müsst euch jetzt Gedanken machen.« Das Tun, das Umgehen mit dem, was uns das Leben beschert, ist das, was uns ins Bewusstsein führt.

Die Menschen in der Steinzeit hatten vielleicht Angst, weil die letzten Mammutherden langsam verschwanden, weil die Eiszeit kam. Und ja, es sind damals viele Menschen gestorben. Aber es haben auch welche überlebt, und man hat dann etwas anderes gejagt, nachdem die Mammuts weg waren. Raubbau und Klimawandel haben die einst bewaldeten Flächen in Afrika verdorren lassen, das Land wurde Steppe, der Mensch musste lernen, sich in der veränderten Situation zu ernähren und Wasserquellen zu erschließen. Die neuen Anforderungen haben eine Entwicklung ausgelöst.

Wenn die Menschheit weiterwächst und die Ressourcen immer knapper werden, sind Krisen unvermeidlich. Der Klimawandel, der Kampf ums Wasser, um Rohstoffe. Alles, was irgendwie in elektronischen Geräten verbaut wird, wird knapp. Im Prinzip ist der Krieg um die Ukraine auch ein Krieg um eine Kornkammer, der Kampf um ein Rohstoffland.

HÖRT DIE KRISE NIEMALS AUF?

Nein, das Leben ist eine Aneinanderreihung von Krisen, und es geht nicht darum, sie zu bekämpfen, sondern zu lernen, mit ihnen zu leben.

Jede Krise ist für uns wertvoll, weil sie uns hilft, ins Handeln zu kommen – aus einer unmittelbaren Betroffenheit heraus. Wir hätten noch zehn Jahre über das Thema einer notwendigen Energiewende sprechen können, ohne zu einem Ergebnis zu kommen. Jetzt, wo Energie knapp wird, gehen wir das Ganze mit Nachdruck an.

Es braucht die akute Gefahr, um all diejenigen, die eher abwarten, was passiert, als zu handeln, aus ihrem Tiefschlaf zu wecken und zu bewegen. Das zeigt die Geschichte der Menschheit. Aber wir können beim Blick in die Geschichtsbücher auch sehen: Die menschlichen Fähigkeiten wachsen mit den Problemen. Wir müssen lernen, mit dem, was kommt, umzugehen. Es bleibt keine Wahl.

Um die Angst, die mit all den Umbrüchen einhergeht, in den Griff zu bekommen, braucht es eigentlich größtmögliche

Transparenz. Aber die wird es in letzter Konsequenz so nicht geben. Einfach weil eine weltweite Krise die nächste jagt. Der Klimawandel ist im Gange und lässt sich nur noch bedingt aufhalten. Kriege erschüttern die Welt. Wir sind in einer Art Dauerkrise gelandet, und die verschiedenen Ausdrucksformen der Krise sind derart miteinander verflochten, dass es unvorstellbar erscheint, wieder zur früheren Normalität zurückzufinden. Vielmehr ist der Krisenmodus, das Unvorstellbare zu einer neuen Realität geworden.

Es braucht die Demut, sich einzugestehen, dass das wenigste, was um uns herum geschieht, etwas ist, worüber wir verfügen können. Sosehr wir uns dagegen auflehnen und uns das wünschen, dass das so ist. Unsere Angst entsteht aus dem Widerstand gegen die Wirklichkeit. Dem Gefühl, darüber nicht verfügen zu können, auch wenn wir es noch so sehr wollen. Und dieser innere Widerstand ist eine stete Quelle unsinniger Verhaltensweisen. Viele Menschen sind sich nicht bewusst, was die Konsequenzen ihres Handelns sind.

WAS KANN UNS HELFEN?

Erstens: anzunehmen, was ist, und den inneren Widerstand gegen die Realität aufzugeben. Wir müssen uns schlicht daran gewöhnen, dass Krisenzeiten zum Leben dazugehören. Und zweitens: lernen, das zu umarmen, was uns herausfordert. Das Unvermeidliche zu lieben, das wäre viel. Aber umarmen, das kann gehen! Das bedeutet auch nicht, den Kopf in den Sand zu stecken. Das uns Mögliche sollten wir tun!

Uns dafür einsetzen, dass das eine oder andere besser wird. Energie sparen, Ressourcen schonen, für Frieden eintreten. Gut mit einer schwierigen Situation umzugehen heißt, eine vernünftige Balance zu finden zwischen dem, was ich tun kann, und dem, was nicht in meiner Hand liegt. Und wir brauchen Vertrauen in die Zukunft, egal, wie schlimm es gerade gefühlt ist. Angst braucht Transparenz. Vertrauen kommt auch mit dem Ungereimten zurecht.

Das Gefühl, dass vieles, was uns Halt gegeben hat, ins Rutschen kommt, löst den Reflex aus, alles festzuhalten. Aber wenn du versuchst, sechs Tassen und Unterteller, die auf einem kippenden Tablett in Schieflage kommen, aufzufangen, werden zwei Hände nicht reichen. Ein Teil der Tassen und Teller wird zerbrechen oder einen Sprung bekommen. Aber etwas wirst du voraussichtlich retten können, wenn du dich anstrengst.

So ist es auch mit den großen weltpolitischen Themen und alltäglichen Herausforderungen, die uns gerade umtreiben. Häufig sind wir auch Gefangene der Vorstellung, dass wir die Welt retten müssen. Aber wenn wir davon überzeugt sind, dass dies in unserer Macht liegt, dann werden wir irgendwann erschöpft aufgeben müssen. Es ist die totale Überforderung. Die Aufgabe ist schlicht drei bis vier Nummern zu groß. Wenn wir merken, dass sich nicht alles auffangen lässt, dass es auf jeden Fall Scherben geben wird, löst dies ein Gefühl der Ohnmacht aus. Damit müssen wir umgehen lernen. Aber wir müssen auch nicht tatenlos zusehen!

Jede Krise ist auch wertvoll, weil sie aus der unmittelbaren Betroffenheit heraus in ein weiterentwickeltes Handeln führt. Wir hätten noch weitere zehn Jahre über den Klimawandel sprechen können, der längst im Gange ist, und es wäre wahrscheinlich nicht ein Bruchteil dessen geschehen, wie jetzt in einem ganz anderen Kontext für das Klima getan wird. Es musste vielleicht erst dazu kommen, dass Energie knapp wird, damit die Menschen sich tatsächlich bewegen, um den Energieverbrauch zu reduzieren. Nicht jede Krise hat einen Sinn, aber ich kann jeder Krise einen Sinn geben.

WIESO ZERBRECHEN DIE EINEN AN DER KRISE, WÄHREND DIE ANDEREN AN IHR WACHSEN?

Der erste Moment ist ein Schock. Viele sagen: »Das glaub ich jetzt so nicht.« Es geht darum, überhaupt erst einmal zu verstehen, was eigentlich Sache ist.

Manche lehnen die drohende Veränderung dann auch schlichtweg ab, leugnen die Situation, weil sie nicht in ihr Weltbild passt: »Das kann so nicht stimmen.« Erst wenn wir das Neue akzeptieren, können wir auch spüren: »Ich schaffe das.« Ein solcher Satz, den man sich selbst sagt, bringt emotional die Wende. Dann gilt es das, was zu tun ist, anzupacken. Zu fragen: »Wozu ist das vielleicht gut – und wo führt mich das hin?«, bringt mich zu den Möglichkeiten und Chancen, die sich ergeben. Ja, ich habe viel verloren, das schmerzt. Aber es geht weiter. Ich komme schon klar damit.

Nach dem ersten Schrecken und jeder Menge Gefühlschaos finden wir inneren Frieden und können die Situation bewältigen.

Negative Gefühle sind immer stärker als positive. Deshalb tendieren wir dazu, unsere Aufmerksamkeit eher auf negative Aspekte und Erlebnisse zu richten und das Positive auszublenden. Wenn wir das im Blick haben, gelingt es uns in schwierigen Zeiten schneller, »umzuschalten« und bewusst auf das Positive zu schauen, um wieder Tritt zu fassen.

Das liegt nicht nur in der Natur des Menschen, sondern ist auch Teil unserer Sozialisierung. Manche Menschen fokussieren sich auf ihre Probleme, weil sie erkannt haben, dass sie, wenn sie darüber lamentierten, von anderen Aufmerksamkeit bekommen.

Immer wieder gilt es zu unterscheiden zwischen dem, was ich beeinflussen und über das ich verfügen kann, und dem, über das ich nicht verfügen kann. Demut bedeutet auch, das anzunehmen, was von mir nicht zu ändern ist, nachdem wir selbst alles versucht haben.

Ich werde das Verhalten meines Gegenübers nicht ändern, wenn er sich verweigert. Ebenso wenig können wir den russischen Präsidenten daran hindern, das zu tun, was er sich vorgenommen hat. Die Frage ist, wie ich damit umgehe. Das ist die Freiheit, die ich habe. Irgendwelche Systeme oder andere Menschen ändern zu wollen ist schwer. Aber ich selbst kann versuchen, ein Verhalten an den Tag zu legen, das dazu führt, dass ich abends in den Spiegel schauen kann, ohne mich für das, was ich getan habe, zu schämen. In meinem unmittelbaren Umfeld, im Umgang mit meinen Mitmenschen kann ich das leben, was mir wichtig ist. Mit meinem persönlichen Lebenswandel kann ich den Unterschied machen, durch mein Verhalten einzelne Menschen und die Gemeinschaft stärken.

Und ich kann mich innerlich frei fühlen, auch wenn ich in einer Gesellschaft lebe, die viele Zwänge kennt.

Bei allem, was ich tue, versuche ich, mir selbst und meinen Idealen treu zu bleiben.

*

Bei der Beerdigung der Queen fiel ein Satz, der mich berührt hat: »Es werden diejenigen in Erinnerung bleiben, die sich in den Dienst des Menschen stellen. Und diejenigen, die nach Macht und Anerkennung streben, geraten in Vergessenheit.« Sich bedingungslos in den Dienst des Menschen stellen ist ein Zeichen der Liebe. Die Ausrichtung auf das Streben nach Macht und Anerkennung ist ein Ausdruck von Angst. Es geht um den Weg von der Liebe zur Macht, zur Macht der Liebe!

21 // GUT FÜR MICH SELBST SORGEN

Besonders in den ersten Wochen des Ukraine-Krieges haben viele Menschen fast den ganzen Tag auf ihrem Mobiltelefon die Nachrichten verfolgt. Wenn du die Stichworte Ukraine, Krieg, Angriff oder Putin eingegeben hast, konntest du eine schlechte Nachricht nach der anderen lesen. Es war eine Flut schrecklicher Bilder, die uns in ihren Bann gezogen hat. Und wenn du weitergescrollt hast, gab es – quasi endlos – noch viel mehr »Bad News«: Unfälle, Umweltkatastrophen, wieder steigende Corona-Infektionszahlen, eine riesige Hungersnot in Afrika, Regenwaldrodung in noch nicht gekanntem Ausmaß, Lebensmittelknappheit. Zu viele Medienvertreter haben schon lange verstanden, dass das Schüren von Angst die Auflage steigert. Und das steigert die Gewinne. Gewinne auf Kosten der Angst vieler Menschen.

Die meisten Medienunternehmen sind nun einmal Profit-Organisationen. Und das Spiel mit der Angst ist mehr als ein florierendes Geschäftsmodell – es ist ein Teufelskreis.

Ein ernüchternder Beitrag folgt auf den nächsten, und hinter jeder Verlinkung zu einem anderen Artikel versteckt sich ein neuer Angstmacher. Diese Suche nach ernüchternden Informationen, schlimmen Bildern und düsteren Perspektiven nennt sich in der Fachsprache »Doomscrolling«. »Doom« bedeutet in etwa »nahender Untergang«; Scrolling beschreibt die Wischbewegung, die wir machen, um unser Smartphone zu bedienen.

Wir sind ganz gebannt und folgen dem Sog der schlechten Nachrichten. Das liegt, wie Forscher meinen, in der Natur des Menschen, der seit der Urzeit intensiv am Beobachten ist, welche Situation für ihn bedrohlich werden könnte – aber auch an der modernen Technik, die eine gewisse Dynamik in der Bedienung auslöst. Viele haben das Gefühl, etwas Wichtiges zu verpassen, wenn sie nicht online sind. Die Situation ändert sich oftmals quasi minütlich, ständig werden zusätzliche Informationen und neue Berichte veröffentlicht.

Der permanente Konsum, das Kleben an den schlechten Nachrichten, macht etwas mit uns und unserer Seele. Je mehr Informationen wir bekommen, je mehr wir lesen und betrachten, desto niedergeschlagener und nervöser werden wir. Und wir können kaum damit aufhören. Das Gedankenkarussell in unserm Kopf kommt nicht mehr zur Ruhe. Und es braucht einen harten Schnitt, eine bewusste Entscheidung, um auszusteigen, bevor die Nervenbahnen heiß laufen.

Es ist deshalb extrem wichtig, für sich selbst klare Regeln für den Umgang mit dem Smartphone festzuhalten. Beispielsweise: Ich lese nur einmal am Tag zu einer bestimmten Uhrzeit die Nachrichten. Oder: Morgens schaue ich vor acht Uhr grundsätzlich nicht auf mein Smartphone. Und dann lese ich maximal 15 Minuten lang Nachrichten. Abends lege ich das Gerät spätestens um 20 Uhr zur Seite und nehme es dann auch nicht mehr zur Hand. Hilfreich ist es auch, gezielt nach positiven Nachrichten Ausschau zu halten, um ein Gegengewicht zu erzeugen. Oder bestimmte Nachrichtendienste, die in der Regel eher reißerisch statt nüchtern und sachlich über die Ereignisse berichten, ganz zu meiden.

Einer der größten Angstmacher und Treiber ist die mediale Reizüberflutung. Wir würden uns viel Leid und viele Ängste ersparen, wenn wir für einen Monat den Fernseher, das Radio und das Mobiltelefon ausschalten und auf all die Bilder und schlechten Nachrichten, die täglich auf uns einströmen, verzichten würden. Menschen, die permanent online und beschäftigt sind, verpassen das eigentliche Leben und geraten zudem in Abhängigkeiten.

Schlechte Nachrichten bedeuten Stress. In einer Studie der University of California wurde festgestellt, welche Auswirkungen die Berichterstattung über den Anschlag auf den Boston-Marathon im Jahr 2023 hatte. Personen, die sich in der Woche danach täglich sechs oder mehr Stunden den Berichten über das Ereignis ausgesetzt hatten, fühlten mehr akuten Stress als die Menschen, die den Anschlag damals direkt miterlebt hatten.

ZUR RUHE KOMMEN

Nach drei Jahren Pandemie und einem Jahr Krieg in der Ukraine ist die seelische Kraft bei vielen erschöpft. Immer wieder wurde die Hoffnung enttäuscht, dass das alles endlich ein Ende hat. Es braucht Strategien für eine kluge Selbstfürsorge, damit wir das Ganze überstehen, ohne dass unsere Seele leidet.

Ein Weg ist es, den Nachrichtenkonsum auf ein Minimum zu beschränken – und zwar auf allen Kanälen. Sich einmal am Tag zu informieren, reicht in aller Regel völlig aus. Mehr muss nicht sein, besonders dann, wenn wir merken, dass uns dies nicht guttut. Stattdessen sollten wir verstärkt etwas dafür tun, dass unsere innere Batterie aufgeladen wird. Zum Beispiel, indem wir uns ganz bewusst Zeit nehmen, um zur Ruhe zu kommen.

Morgens und abends zehn Minuten zu schweigen, die Stille zu genießen. Vielleicht auch zu meditieren oder zu beten. Einen Text lesen, der uns Mut macht, ein Bild betrachten, an etwas Schönes denken. Zeit mit Menschen zu verbringen, die wir mögen und die eine positive Ausstrahlung haben. Viel in der Natur unterwegs zu sein, den Wind und die Sonne zu spüren. Kurzum, das Leben auf eine gute Art und Weise zu gestalten.

Die Metaebene einzunehmen, das eigene Leben quasi von außen zu betrachten, ist hilfreich. Die alten Wüstenmönche übten sich darin, indem sie über sich und das, was sie dachten und taten, in der dritten Person sprachen.

Es ist gut, sich bewusst zu machen: Ich habe jetzt ganz bewusst eine Zeit der Stille, in der niemand – auch nicht die trüben Gedanken in mir – das Recht hat, mich zu stören. Sobald sich das Gedankenkarussell innerlich zu drehen beginnt, versuche ich, bewusst zu atmen und alles andere zur Seite zu schieben. Jetzt ist die Zeit der Stille, alles andere hat keinen Raum. Im Schweigen begegnen wir uns selbst und unserer inneren Wirklichkeit.

Ein ungewöhnlicher Gedanke, dem es nachzugehen lohnt: Wenn uns unsere Probleme eines Tages ausgehen würden, hätten wir keine Möglichkeit, uns als Mensch weiterzuentwickeln. Wir reifen und wachsen an den Herausforderungen und an dem, was sich uns in den Weg stellt!

Und das Schlimmste, was uns passieren kann, ist, dass uns die Aufgaben ausgehen, die wir zu lösen haben. Denn ohne eine Aufgabe verkümmern wir.

Sich eine sinnstiftende Aufgabe zu suchen, etwas für andere Menschen zu tun, hilft uns, das Gefühl der Ohnmacht zu überwinden. Statt Probleme zu betrachten und Verluste zu betrauern, aktiv zu überlegen, wie ich andere und mich selbst in dieser schwierigen Situation am besten ermutigen kann. Aus der gefühlten Erstarrung wieder ins Handeln zu kommen, das ist wichtig! Mache einen langen Spaziergang, triff Freunde, bleib nicht alleine zu Hause sitzen!

SICH AUS DER ERSTARRUNG LÖSEN

Martin Luther wird folgender Satz zugeschrieben: »Auch wenn ich wüsste, dass morgen die Welt untergeht, würde ich heute noch einen Apfelbaum pflanzen.« Der Baum ist ein Symbol für das Leben und die Hoffnung auf einen Neubeginn.

Egal, was passiert ist, wie es dir gerade geht und was dir furchtbar Angst macht. Letztendlich hilft nur eines: sich aus der Erstarrung zu lösen und einen Neuanfang zu wagen. Das Denken auszuschalten, so gut es geht. All die Stimmen, die uns sagen: Das bringt doch eh nichts, du hast es doch schon versucht und bist gescheitert. Ja, das mag sein. Aber ich versuche es dennoch noch einmal: »Ich mache das jetzt!«

Dies habe ich aus meinen Gesprächen mit Pater Anselm Grün mitgenommen. Ebenso wie das extrem starke Bild: »Steh auf, nimm dein Bett, und geh!« Wenn dich deine Gedanken gefangen halten, musst du versuchen auszubrechen. Du kannst nichts zu Ende denken, weil es eine Endlosschleife ist, in der du unterwegs bist.

Und je mehr du grübelst, wie eine Lösung aussehen könnte, desto schlimmer und abgründiger wird es. Besser ist es, direkt stopp zu sagen und etwas anderes zu tun, als weiter darüber nachzudenken, wo der Ausweg ist. Denn es sind die Gedanken, die uns gefangen halten.

Heute weiß ich, dass ich vor meinen Gedanken keine Angst haben muss – sie können mir nichts anhaben. Es sind ja nur Gedanken! Oft haben sie mit der Realität nichts zu tun, rein gar nichts. Begrüße sie, sag ihnen: »Willkommen!«

Es geht darum, wie wir unsere Angst in Energie verwandeln. Energie zur Veränderung.

Mir selbst die Frage zu stellen: Was kann dir eigentlich passieren? – das ist so hilfreich!

Du kannst dich, wenn du ein glaubender Mensch bist, geborgen wissen: »Ich kann nie tiefer fallen als in Gottes Hand.«

Friede und innere Freiheit sind eng miteinander verbunden. Zufrieden bin ich dann, wenn ich aufhören kann, etwas zu begehren, und einfach sein darf. Ich freue mich über das, was ich sehe, mehr als über das, was ich besitze. Ich gönne anderen, was sie haben, und bin dankbar dafür, dass ich das nicht brauche, um glücklich zu sein.

Das Vertrauen, dass Gott für mich sorgt, schenkt eine innere Ruhe. In der Bibel heißt es: »Sieh die Vögel unter dem Himmel. Sie säen nichts, sie ernten nicht, und der Herr versorgt sie doch.«

Pater Jesaja aus Münsterschwarzach nennt mich Skywalker – er sagt, dass ich ein Himmelsgänger bin. Aber der Begriff Gott löst in mir nicht nur positive Bilder aus. Die Religion des »Du darfst nicht dies, du darfst nicht das«; Menschen, die uns sagen: »Pass auf, dein sündiges Leben endet in der Verdammnis. Wenn du heute nicht umkehrst, dann bist du verloren« – das ist die Hölle. Auf der einen Seite die Dunkelheit und auf der anderen Seite das Licht, die Schwarz-Weiß-Malerei der Glaubenslehre; ich habe so etwas selbst auch schon in meiner Jugend erlebt. Das hat mich abgestoßen. Lange Zeit habe ich mich deshalb von allem, was mit Kirche zusammenhing, ferngehalten. In den letzten Jahren ist mein Glaube an Gott, das Unbeschreibliche, das große Geheimnis, gewachsen. Das bedingungslose Vertrauen in Gott und das Leben, das er schenkt. Was ich gelernt habe, ist, dass Gott und die wahre Natur des Menschen etwas gemeinsam haben: Für beides fehlen uns die Worte, es zu beschreiben.

Die Berufungsgeschichte des Moses finde ich faszinierend. Er wird von seinem Schwiegervater losgeschickt, um Schafe zu hüten. Eigentlich ist das eine Arbeit, die sonst von Frauen und Kindern geleistet wird. Ein erwachsener Mann wie Mose macht so etwas nicht, das ist sozusagen die unterste Schublade. Als Mose auf dem Feld steht und die Schafe hütet, sieht er einen brennenden Dornbusch, aus dem eine Stimme spricht: »Zieh deine Schuhe aus, du stehst auf heiligem Boden.«

Und in dieser Situation spricht Gott zu Mose und sagt ihm. »Du wirst mein Volk in das Gelobte Land bringen.« Eine unglaubliche Geschichte, finde ich. Gott hätte für diese Aufgabe ja auch einen mächtigen Mann oder einen Priester bestimmen können.

Auch auf der Tür zu einem Meditations-Gebetsraum in Münsterschwarzach steht der Satz »Zieh deine Schuhe aus, du stehst auf heiligem Boden«. Jedes Mal, wenn ich ihn lese, bevor ich den Raum betrete, bin ich zutiefst berührt.

*

Wenn Gott sich uns mitteilt, kann das in einem Menschen etwas völlig Neues bewirken, wenn er dem Impuls folgt. Mehr Geduld kann entstehen, mehr Ausdauer, Klarheit, Entschiedenheit zum Handeln. Häufig ist die Schwierigkeit dabei, dass dieses Neue, zu dem Gott uns auffordert, nicht selten nach Kontrollverlust und Risiko klingt. »Wie soll das geschehen?«, fragt Maria, bevor sie zustimmt, dass ihr Leben durch die Aufforderung Gottes aus den für sie bislang vorstellbaren Bahnen katapultiert wird.

Glauben bedeutet auch, dem Ungewissen und vermeintlich Unvernünftigen zuzustimmen und zu vertrauen.

Viele haben den Eindruck, dass Glauben auch mit einer gewissen Enge im Denken einhergeht. Aber Gott hat uns die Freiheit geschenkt, uns zu allem so oder so zu verhalten. Die Voraussetzung für ein gelingendes Leben ist die Bereitschaft, ins Risiko zu gehen. Menschen, die alles bestimmen und über alles verfügen wollen, berauben sich letztendlich ihrer Lebendigkeit. Einen Wettkampf, dessen Ergebnis schon vorher bekannt ist, will keiner miterleben.

Wenn jemand einen Gleitschirmflug macht und ohne Sicherheitsschirm springt, handelt er verantwortungslos. Das kann man nicht machen, das ist leichtsinnig. Wer aber trotz Sicherheitsschirm überlegt, ob er noch einen zweiten braucht, falls der erste versagt, oder ob er lieber ganz am Boden bleibt, der wird nie fliegen lernen.

*

Im Prolog der Benediktregel heißt es: »Noch ist Zeit, noch … lässt das Licht des Lebens uns Zeit, all das zu erfüllen. Jetzt müssen wir laufen und tun, was uns für die Ewigkeit nützt … Sollte es jedoch aus wohlüberlegtem Grund etwas strenger zugehen, um Fehler zu bessern und die Liebe zu bewahren, dann lass dich nicht sofort von Angst verwirren und fliehe nicht vom Weg des Heils; er kann am Anfang nicht anders sein als eng. Wer aber im klösterlichen Leben und im Glauben fortschreitet, dem wird das Herz weit, und er läuft in unsagbarem Glück der Liebe den Weg der Gebote Gottes.«[14]

Das ist die Grundlage eines guten Umgangs mit der Angst vor dem Neuen und Unbekannten. Erstens: erkennen, was ist. »Der Weg kann zu Beginn nicht anders sein als eng.« Und ja, wir werden Fehler machen, wir werden Ängste haben – aber das ist nicht schlimm. Wir dürfen uns nur nicht davon verwirren lassen. Wenn wir die Gegebenheiten akzeptieren und weitergehen, durch die Angst hindurch, dann wird es am Ende gut.

Im 7. Kapitel der Benediktregel, in dem es um die Demut geht, ist die Rede von der »vollendeten Gottesliebe, die alle Furcht vertreibt«. Ein wunderbares Bild.

Glauben schenkt mir Gewissheit, wo mein Wissen aufhört, das ist eine Paradoxie, die sich nicht auflösen lässt. Und Glaube, Liebe, Hoffnung sind die Grundpfeiler eines guten Lebens.

Demut ist ein Schlüssel – sich als Beschenkter zu fühlen, Dankbarkeit für das, was ist, zu empfinden und sich selbst nicht zu wichtig zu nehmen.

André Schürrle hat, nachdem er für sich entschieden hatte, als Fußballspieler aufzuhören, gesagt: »Ich habe genug Applaus im Leben bekommen.« Der Satz hat mich total berührt.

Ja, auch ich habe bereits genug Applaus bekommen. Und dieser Gedanke hilft mir, mich von dem fortwährenden Streben nach Anerkennung, das mich umtreibt, ein Stück weit zu befreien. Ich habe den Entschluss gefasst, zukünftig vor allem das zu tun, worin ich einen Sinn erkenne. Die Sehnsucht nach Anerkennung ist ein Irrlicht.

Vertrauen, Hoffnung und Demut haben der Angst etwas Kraftvolles entgegenzusetzen.

// EPILOG

Das Miteinander in einer Familie oder einer Gemeinschaft von Freunden ist etwas sehr Entscheidendes für ein gelingendes Leben. Was alle Geschöpfe miteinander verbindet, ist das Leben an sich. Das ist das große Ganze. Ich sehe mich als einen Teil der Schöpfung. Letztendlich geht es bei Verbundenheit darum, sich mit dem zu verbinden, wie Gott uns gemeint hat.

Wenn es uns gelingt, uns im Hier und Jetzt verbunden zu fühlen, wenn wir das Leben so annehmen, wie es ist, hat die Angst keinen Raum mehr. Wesentlich ist es, jeder Situation mit einem großen *Ja* zu begegnen. Zu wissen, ich darf mich geborgen fühlen, egal, was auch geschieht. Und bei jeder Krise auch zu fragen: Was wird mir dadurch möglich?

Für mich ist dies das Bekenntnis zu einem gelingenden Leben:

- Ich entscheide mich dafür, jede Situation im Leben und jede Begegnung als Möglichkeit wahrzunehmen, zu wachsen.
- Ich entscheide mich dafür, die auf meinem Weg gemachten Erfahrungen mit anderen Menschen zu teilen, weil ich dies selbst als sinnstiftend erfahren habe.
- Ich entscheide mich dafür, anzuerkennen, dass der Erfolg in meinem Leben nicht mein Verdienst ist.

Wie würdest du es für dich formulieren?

Wenn wir über die Verbundenheit sprechen, geht es um gelingende Beziehungen. Was braucht es dafür, damit Beziehungen gelingen können?

Es beginnt bei mir selbst. Je besser ich mich selbst kennenlerne, desto mehr entsteht auch eine Gelassenheit und Freude im Umgang mit anderen Menschen. Mich auf Kosten anderer entwickeln zu wollen führt ins Abseits. Verbundenheit entsteht dort, wo wir Beziehungen nicht verzwecken.

Wenn mein Selbstwertgefühl und mein Wohlbefinden davon abhängig sind, wie mich andere beurteilen oder ich eine bestimmte Aufgabe erfülle, verliere ich meine innere Freiheit, meinen inneren Frieden. Die Angst davor, etwas nicht richtig oder gut genug zu machen, wird mich blockieren. Ich habe eine Aufgabe – aber ich bin nicht die Aufgabe. Es geht um mehr als um deren Erfüllung! Ich habe einen Körper – aber ich bin nicht mein Körper. Es braucht Abstand und eine aktive Differenzierung. Die transpersonale Psychologie nennt das Disidentifikation.

Die gelingende Beziehung zu uns selbst entsteht als Antwort auf die Frage: »Wer bin ich?« Und die gelingende Beziehung zu unseren Mitmenschen entsteht, wenn ich ihnen die Frage stelle: »Wer bist du?«, und ihnen vielleicht sogar dabei helfe, Antworten auf diese Frage zu finden. So entsteht Verbundenheit. Das Entscheidende dabei ist, dass wir aufhören, andere Menschen oder Situationen direkt zu bewerten, und stattdessen versuchen zu beschreiben.

Jeder Mensch ist wichtig. Jeder bringt etwas mit, das er zur Gemeinschaft beitragen kann. Und ich glaube, dass jeder Beitrag etwas sehr Entscheidendes ist.

Oft werden die Menschen im beruflichen Alltag jedoch mehr an dem gemessen, was sie leisten, als an dem, wer oder was sie sind. Wir knüpfen die Beziehungen häufig an eine Bedingung: Liebe für Leistung. Wenn du etwas leistest, dann bekommst du Anerkennung und Aufmerksamkeit, beispielsweise eine gute Note. Dann wende ich mich dir zu. Doch wenn es nicht so läuft, wie ich mir das vorstelle – also wenn du dich nicht an meine Vorstellungen anpasst –, dann lehne ich dich als Person ab.

Ich habe beschlossen, dass ich mich grundsätzlich erst einmal bedingungslos und möglichst unvoreingenommen für den Menschen interessiere, der mir begegnet. Das ist eine ganz gute Voraussetzung dafür, dass aus einer Begegnung mehr wird, dass Gemeinschaft entsteht. Denn nur wenn jemand so angenommen wird, wie er ist, stellt sich das Gefühl von Geborgenheit ein.

In meinem beruflichen Umfeld hat dies einen intensiven Wandel ausgelöst. Egal, worüber gesprochen wird, welche Leistung am Ende des Tages vollbracht wurde – nichts stellt die Beziehung an sich infrage. So entsteht eine extrem starke Verbundenheit, die letztlich dazu führt, dass sich immer mehr Beteiligte wohlfühlen und ihr Bestes geben.

Das Thema Sinn spielt eine ganz entscheidende Rolle. Dass das, was wir tun, auf etwas ausgerichtet ist, was uns wichtig ist. Verbundenheit entsteht, wenn ich in dem, was ich tue, etwas finde, was mich erfüllt:

- Vertrauen entwickeln
- Verbundenheit fördern

- Hoffnung vermitteln
- Klarheit schaffen
- Frieden stiften
- Bescheidenheit üben
- Sinn vermitteln

Die Kernbotschaft lautet: »Liebe deinen Nächsten wie dich selbst.« Bedingungslos.

GUTES LEBEN

Gehe ruhig und gelassen durch Lärm und Hast, und sei des Friedens eingedenk, den die Stille bergen kann.

Stehe, soweit ohne Selbstaufgabe möglich, in freundlicher Beziehung zu allen Menschen. Äußere deine Wahrheit ruhig und klar, und höre anderen zu, auch den Geistlosen und Unwissenden; auch sie haben ihre Geschichte.

Meide laute und aggressive Menschen, sie sind eine Qual für den Geist. Wenn du dich mit anderen vergleichst, könntest du stolz werden oder dir nichtig vorkommen; denn immer wird es jemanden geben, größer oder geringer als du. Erfreue dich deiner eigenen Leistungen wie auch deiner Pläne.

Bleibe weiter an deinem eigenen Weg interessiert, wie bescheiden auch immer er sein mag. Er ist ein echter Besitz im wechselnden Glück der Zeiten. In deinen geschäftlichen Angelegenheiten lass Vorsicht walten; denn die Welt ist voller Betrug. Aber dies soll dich nicht blind machen gegen gleichermaßen vorhandene Rechtschaffenheit. Viele Menschen ringen um hohe Ideale; und überall ist das Leben voller Heldentum.

Sei du selbst. Vor allen Dingen heuchle keine Zuneigung, und sei nicht zynisch, was die Liebe betrifft; denn auch im Angesicht aller Dürre und Enttäuschung ist sie doch immerwährend wie das Gras.

Ertrage freundlich-gelassen den Ratschluss der Jahre, gib die Dinge der Jugend mit Würde auf. Stärke die Kraft des Geistes, damit sie dich in plötzlich hereinbrechendem Unglück schütze.

Aber beunruhige dich nicht mit Einbildungen. Viele Befürchtungen sind die Folge von Erschöpfung und Einsamkeit. Bei einem gesunden Maß an Selbstdisziplin sei gut zu dir selbst.

Du bist ein Kind des Universums, nicht geringer als die Bäume und die Sterne; du hast ein Recht, hier zu sein. Und ob es dir nun bewusst ist oder nicht: Zweifellos entfaltet sich das Universum wie vorgesehen.

Darum lebe in Frieden mit Gott, welche Vorstellung du auch von ihm hast. Was auch immer dein Mühen und Sehnen ist, in der lärmenden Wirrnis des Lebens erhalte dir den Frieden mit deiner Seele.

Trotz all ihrem Schein, der Plackerei und den zerbrochenen Träumen ist diese Welt doch wunderschön.

Sei achtsam. Strebe danach, glücklich zu sein.

Der Text ist in verschiedenen Fassungen weltweit mit der Überschrift »Desiderata« verbreitet. Fälschlicherweise wird manchmal als Ursprung eine Wandinschrift von 1692 in der Old St. Paul's Kirche in Baltimore (MD/USA) angegeben. Tatsächlich ist der deutsch-amerikanische Dichter Max Ehrmann der Autor des Textes, der erstmals 1927 in Baltimore veröffentlicht wurde.

ZUM SCHLUSS: EIN ABENDRITUAL

Viele Menschen machen gute Erfahrungen damit, jeden Abend ein kleines Ritual zu wiederholen, bei dem sie alles, was sie an diesem Tag als belastend empfunden haben – und auch die Dinge, für die sie dankbar sind, laut oder leise aussprechen. Religiöse Menschen tun dies in Form eines Gebetes und bringen alles, was sie bewegt, vor Gott. Auf diese Weise können wir Last ablegen und uns auch vor Augen führen, welche guten Seiten es in unserem Leben gibt. Rituale schenken Sicherheit, geben Kraft. Ich schätze das Abendritual, das Pater Anselm Grün formuliert hat:

Ich umarme in mir das Starke und das Schwache, das Gesunde und das Kranke, das Vertrauen und die Angst, die Freude und die Traurigkeit, das Ansehnliche und das Unansehnliche.

Und ich schließe die Türe und schütze diesen Raum der Stille, wo Christus in mir ist. Wo das Reich Gottes in mir ist, dort bin ich frei, heil und ganz, ursprünglich und authentisch, rein und klar und daheim.

Herr, kehre ein in dieses Haus und lass deine heiligen Engel darin wohnen. Sie mögen uns in Frieden behüten. Und dein heiliger Segen sei für alle Zeit über uns und um uns und in uns. So bitten wir in Christus, unserem Herrn, amen.

Pater Anselm Grün

ANMERKUNGEN

1 Quelle: https://mediendienst-integration.de/migration/flucht-asyl/ukrainische-fluechtlinge.html; Stand: 8. November 2022
2 siehe DIE ZEIT, 17. März 2022, Seite 4
3 siehe DIE ZEIT, 1. März 2022
4 siehe DIE ZEIT, 25. Juli 2022; https://www.zeit.de/politik/ausland/2022–07/erste-drei-gepard-panzer-in-der-ukraine-eingetroffen
5 Stephan Grünewald, »Wie tickt Deutschland?: Psychologie einer aufgewühlten Gesellschaft«, Kiepenheuer & Witsch, 2019
6 https://de.wikipedia.org/wiki/Liste_von_Entf%C3%BChrungen_in_Deutschland
7 https://www.nytimes.com/2021/02/21/arts/design/edvard-munch-scream-inscription.html
8 Die Bibel nach Martin Luthers Übersetzung, revidiert 2017, © 2016 Deutsche Bibelgesellschaft, Stuttgart. Die Verwendung des Textes erfolgt mit Genehmigung der Deutschen Bibelgesellschaft.
9 Dietrich Bonhoeffer Werke, Band 8, Gütersloher Verlagshaus, 1998
10 https://www.bdl.aero/de/publikation/wie-sicher-war-luftverkehr-im-jahr-2019/
11 https://de.statista.com/themen/34/verkehrsunfall/#dossierKey-figures
12 https://www.ruv.de/newsroom/themenspezial-die-aengste-der-deutschen/grafiken-zahlen-ueberblick
13 siehe: https://www.handelsblatt.com/politik/deutschland/steigende-heizkosten-warum-strombetriebene-heizluefter-den-gasmangel-noch-weiter-verschaerfen-koennten/28722370.html
14 Quelle: Die Benediktusregel (lateinisch / deutsch), Prolog, 45, 47–48 f., herausgegeben im Auftrag der Salzburger Äbtekonferenz, Beuroner Kunstverlag, Beuron

Foto: Julia Baumgart Photography

Bodo Janssen, Jahrgang 1974, verheiratet, drei Kinder, gründete bereits während seines Studiums ein Unternehmen im Sport- & Freizeitbereich. Später folgte der Einstieg in das elterliche Unternehmen Upstalsboom (Hotels & Ferienwohnungen). Seine Vision von glücklichen Menschen inspiriert ihn, die Erfahrungen seiner Erfolge, aber auch seiner Misserfolge mit vielen Menschen zu teilen. Er bewegt sich im Spannungsfeld von Spiritualität, Wissenschaft und Wirtschaftlichkeit und hat für seine Arbeit zahlreiche Auszeichnungen erhalten.

Besuchen Sie uns im Internet:
www.bene-verlag.de

Aus Verantwortung für die Umwelt hat sich die Verlagsgruppe Droemer Knaur zu einer nachhaltigen Buchproduktion verpflichtet. Der bewusste Umgang mit unseren Ressourcen, der Schutz unseres Klimas und der Natur gehören zu unseren obersten Unternehmenszielen. Gemeinsam mit unseren Partnern und Lieferanten setzen wir uns für eine klimaneutrale Buchproduktion ein, die den Erwerb von Klimazertifikaten zur Kompensation des CO_2-Ausstoßes einschließt. Weitere Informationen finden Sie unter: www.klimaneutralerverlag.de

FSC www.fsc.org
MIX
Papier aus verantwortungsvollen Quellen
FSC® C014496

Originalausgabe April 2023

Ein Imprint der Verlagsgruppe
Droemer Knaur GmbH & Co. KG, München.

Vermittelt durch die Agentur Stefan Linde
Konzept und Textgestaltung: Stefan Wiesner
Gestaltung: Maike Michel
Coverfoto: Niels Starnick / BILD
Druck und Bindung: GGP Media GmbH, Pößneck
ISBN 978-3-96340-216-6

5 4 3 2 1